JN107782

宇宙とつながる"お部屋の魔法"

生まれ変わったみたいに人生にいいことがいっぱい起こる本

山田ヒロミ

大和出版

はじめに

この本でお話しする目的は、「人はなぜ生きるのか？」の答え、
人生シナリオの秘密を知り、日々に活かしていただくことです。

これまでは、生きている間は知ってはいけない秘密でした。
なぜなら、自ら、一歩踏み出して、気づき、
それを見つけること自体が人生そのものだったから。

でも、時代が大きく変わりつつあります。
あなたもきっと気づいているはず。

目には見えない世界が見える人、聞こえる人、
ヴィジョンが見える人、わかる人が増え、

宇宙の〝法則〟も世界に広がって。

生まれる前の記憶を持つ子供が増え、
あの世のしくみを見せられる人が増え、
私自身も生きたままで自分の人生の
シナリオと走馬灯を見て再生しました。

あなたがこの本を手に取ったのは偶然ではなく、
次に、あなたにもそれが起こる予兆です。

宇宙とつながって
奇跡を起こしながら生きる時代の到来に向け、
宇宙意思は、地球の秘密を明らかにし、
あなたにもそれを体験してもらって
次の段階へ進めようとしているようです。

想定外の時代に突入しても、
私たちのシナリオの舞台は日常生活です。

長い間、楽しみに待ち続けて生まれてきた
この地球での大切な日々の時間を
最高のものにするために。

まるで魔法のように
いいことがいっぱい起きる方法を
お部屋づくりを通してお話しします。

Chapter 1 空間づくりで いいことばかりがやってくる

Chapter 2

知っておきたい「あの世と人生」のしくみ

本文デザイン　萩原弦一郎（256）
本文イラスト　伊咲乃玲名
DTP・図版作成　青木佐和子

Chapter 1

空間づくりでいいことばかりがやってくる

1 突然やってきた光の玉は何？

不思議な体験は、ある日突然起こります。心霊現象といったオドロオドロしいものではなく、生まれる前に私たちが元いた、人間を超えた存在がいる〝光の領域〟から、よりよく生きるためのメッセージやヒントは常に送られてきています。私がそのメッセージを受け取る体験は、突然光の玉が現れたことから始まりました。

体の中心に光の玉が現れた！

新築やリフォームをするお客様のサポートをする仕事を始めた私は「これからつくる家で、どうしたら何十年間もの時間をその家族が幸せに過ごせるか？」を常に考えたり調べたりしていました。

そんなある日、横になってぼんやり天井を眺めていると、これまでに体験したことがない不思議なことが突然起こり始めました。胸の奥、体の中心あたりに光の玉が突然現れたのです。驚いてギョッとする感じではなく、あらかじめ予定されていたことのように、起こるがままに従って受け入れることができました。

光の玉は、目で見ているわけではないのに胸の中心にあるのがわかりました。目で見るプロセスをすっ飛ばして、脳が直接解析したものを心の目で見ているような……そんな感じです。

やがて、光の玉はパソコンのデータフォルダとその中に入っているファイルのように、いくつかの情報が、それぞれかたまりをつくって入っているデータのかたまりだということがわかりました。そして、体内に光が放射するようにデータがインストールされて、光は消えていきました。

あなたを輝かせる〝情報〟のかたまり

光からの情報は、すぐ読めるものと、時期が来るまで読むことができない情報の2種類に分かれていました。

すぐ読める情報には、私がそれまでにしてきた「お店と家づくりでうまくいったことがなぜそうなるのか」という問いに対する、「部屋を変えれば人生が自由に変わる」という答えがありました。小さな詳細フォルダもあり、「ありたい自分」を描いてから部屋づくりをするレッスンワークが入っていたので、現在に至るまでずっとそのワークを講座で行っています。

もう一つの大きな情報は、映像でした。一人の心が光り始め、輝きを増して家族全員に広がると家全体が光り、庭の芝生が青く光り始めます。やがて光はさらに広がって、隣や向かい、周囲の家へ、そして街全体へ、市から国へ、国から世界へとどんどん広がっていきます。

その瞬間に、「一人の心の光が増す部屋づくりをお伝えするだけで世界が平和になる」とわかり、これまでやっていたおうちやお店のデザインや内装の仕事をすべてやめてしまいました。工務店を経由するよりも、先に一般の人に広くお伝えするほうが早いとわかったので、本を出してセミナーをすると決めたからです。

時期が来るまで読むことができないものには、**「生きる意味」「人生のシナリオ」「新しく来る『生きたままで生まれ変わる時代』の活かし方」**といった、人生の根本的な秘密についての情報が入っていたことが後になってわかります。時期が来るまで読むことができないフォルダは、その後の私の体験に沿って十数年をかけて順にフォルダの鍵がはずれて開いていきました。

この本で、光の玉から届いた情報のすべてをお話しします。日常生活の場であるお部屋を活用して、あなたの内面の光が輝きを増すにつれて、人生がよりよくなっていきます。他人をどうこうせずとも、ただそれだけで物事がよい方向に進みます。

見えない世界のルール

1

部屋を変えれば人生は自由に変わる。

2 不思議体験はお経と木魚の音から始まった

私たちは、科学的に証明されていることしか信じないことを〝普通〟として育てられる場合が多いでしょう。私も、その一人です。

私が最初に不思議なことと遭遇したのは、子供の頃の恐怖体験でした。真夜中に目覚めると、木魚の音とお経、そして、「武者だ」と感じる存在が戸を叩く音が聞こえて、金縛りになったのです。信じられなくても、起こったのは事実です。音が止まって体が動くようになるとすぐ起きて、親に「怖い」と訴えたけれども取り合ってもらえず、かろうじて数日後に寝る部屋を弟と替わっていいと許可されました。ところが、弟が私と全く同じ目にあうことになったので、親もそのまま放っておけなくなり、氏神の宮司様にお祓(はら)いをしてもらうことになりました。お祓いの後、恐怖現象はおさまりました。

それからしばらくは何も起こらず、私はまた、科学的に証明されていることしか信じない人種に戻っていきました。

例えば、友人から「眠っているときにふと目が覚めたら、弟と自分の間に死んだおばあちゃんが座って覗き込んでいて金縛りになった」とか、「肝試しに深泥池（みどろがいけ）（京都北部に位置する池）へドライブに行って、あまりに怖かったので慌てて一人乗せるのを忘れて帰ってきたら、自分たちより早く家についていて、『どうして帰ってきたのか記憶がなく、気づいたら家にいた』と言った」なんていう体験話を聞いても、「へえ。そんなこともひょっとしたらあるのかもしれないし、夢でも見ていたのかも」と思う程度でした。

権利書事件が教えてくれたこと

目に見えない世界もあることを、どうにも確信せざるを得なくなるのは、30歳を超えてから起こった〝権利書事件〟でした。

2001年に実家を建て替えることになったのですが、あったはずの権利書が見つかりません。母と叔母が「あなたが片付けてなくなった」と責任を押しつけ合った挙句のはてに、「（叔母が借りていた）貸金庫で盗まれた」と銀行に防犯ビデオを再生させるところまで行きつき、「何をやっているんだろう」とあきれて見ていました。

そんな夜、亡き祖母が私の夢の中に現れて「権利書は、おばあちゃんの写真に重ねてある」ときっぱり一言だけ言い放って消えたのです。私は、夢というふわっとした世界の中で、権利書という現実的な書面についての言葉の明確さと強さに大きなギャップを感じ、普段そんなことはしないのに、母にこの夢の話をしました。

すると、話し終わるや否や、母は何度も探したはずのタンスの前に飛んでいき小引き出しを開けて、その底に敷いてある新聞紙のまた下にある茶封筒を引っ張り出しました。この茶封筒には、夢に現れた祖母が「おばあちゃん」と呼んでいた明治生まれの「ひいおばあちゃん」の写真が入っています。数秒後、写真の裏からぺらりとめくれた一枚の紙……それはなんと本当に実家の権利書だったのです。

それまで「目に見えないことはない」と抗(あらが)っていたけれど、この〝権利書事件〟で、「あの世とこの世は、夢の世界でつながっているということだけ認める」ことにしました。

実は、権利書事件の数年前、妊娠中に「へその緒がメビウスの輪のような働きをして、外側の宇宙と、内側の宇宙――子宮――がつながっている」と〝わかった〟のですが、この〝わかる〟という感覚は、学校で習ったり科学で解明されたデータを読むのとは違っていたので、「今のはなんだったのだろう」で止まったままだったのです。

この〝わかる〟という感覚は、後に光の玉のデータがやってきたことで、生まれる前に私たちが元いた、人間を超えた存在がいる〝光の領域〟から常に送られてきている、よりよく生きるためのメッセージの一つだったと知ることになります。

見えないの世界のルール

2

あの世とこの世は夢の世界でつながっている。

3

「この世はない！」
——小学校5年の時に知ったこと

いつも遊び相手になってくれた一緒に暮らすひぃおばあちゃんの話を聞くのが大好きだったからか、私は3歳頃から特別な専門用語以外は大人の会話がわかり、大人の世界で起こっている出来事を理解していました。「どうして子供に聞かせないほうがいい話を子供の前でぺちゃくちゃ話すんだろう。子供はわからないと思っているんだろうか」と感じていたので、「聞こえてるよ！」とよく大人に言ったものです。

生まれる前の記憶を持つ子供たち

そして、この頃までは、「それが何だったかは思い出せないのだけれど〝何か〟をしようと目的を持って生まれてきた」と覚えていました。

後に、胎内記憶の研究で著名な池川明先生とご一緒する機会があり、「私の子供が生まれて数日後に『お母さんありがとう』と話したので驚いた」という話を話したところ、「何日目くらいでしたか？　たいていは1週間目までに話すんですすよね。ほとんどの親は『赤ちゃんは話さない』と決めつけているから、話していることに気づかないんです」と伺うことができました。

さらに、「保育園で円になって子供たちが『(目に見えない世界のことを) 親にはどこまで話してる？』と相談しているところを複数の保育士が目撃している報告がある」と教えてくださったことから考えると、**子供の記憶や会話の理解能力、そして目に見えない世界とつながる力は、大人になってしまった私たちが考えている何倍も強く、優れているよ**うです。

探求の始まりは「目はどうして見えるのか？」

小学生の私は、「死」ということと「なぜ人は生きるのか」について、思考をぐるぐる巡らせていましたが、答えが出ませんでした。子供の頃はまだ、利権や政治取引で世界情勢が動いているということを知らなかったので、「将来的に地球の海面が上昇しゴミだらけになるとわかっているのに何も対策をしない政治家は頭が悪いなぁ。豊かな江戸時代くらいの日本の暮らしに戻せばいいだけなのに、大人はいったい何をやっているのだろう……」などと考えていましたが、特に行動も起こせませんでした。

そんな5年生のある日、なぜだか急に「目はどうして見えるのか?」が気になってしかたなくなりました。中学受験を控えて学業の予習復習を自由勉強としてクラス担任の先生に提出する級友が多かったようですが、私は地元の公立中学に行く以外の選択肢がなく受験がなかったので「なぜ目は見えるのか」をテーマに、夢中になってそのことばかり調べて記録し始めました。そして、

・目そのものが見ているのではないこと。
・太陽や照明器具の光の波長が物質にあたり、吸収されず反射した光の波長が目から入って脳で解析されていること。
・光を吸収反射した物体の形や色を脳で解析して映像に変え〝見えている〟と思い込んでいるだけであること。
・個人の脳で映像をつくり出しているだけなので、実際にある物と一致しているとは限らないこと。
・個人の脳の解析能力や映像化能力に差や個性があるとしたら、例えばりんごの赤は、

人には自分が青と思っているものかもしれず、共通の見え方をしているのではないかもしれないこと。

・犬は世界が白黒に見えており、魚には魚眼レンズのような見え方をしていること。

といったことがわかりました。

その映像を見ているのは誰？

ちょうどその頃に理科で習った「物質のおおもとは分子原子で、人も動物も自然も物もすべて同じものからできており、集まり方が違うだけ」という内容と重ね合わせて考えると、

・実際にここにあると思っている物は単なる分子原子の集まりだということ。
・人間は、分子原子の集まりに魂と心が加わったものであること。
・この世は分子原子の集まりに反射した光を脳が解析して映像化しているだけの、幻想と創造の世界であること。

・目は光の波長データの入力窓であり、実際に見ているのは目ではないこと。

ということが、わかってしまいました。

いったい、目からの情報を解析して創造した映像を見ているのは誰？　何者？

すべての出来事がつながる時

クラスメートがはしゃいで楽しそうに遊んでいるのに、私は、自分をまるで他人事のように感じ、もう一人の冷めた私が、頭の上の斜め後ろくらいから観察している感覚で暮らしていました。そして、毎夜、眠る前には「死ぬと〝自分〟の記憶は全くなくなってしまうのだろうか」ということへの計り知れぬ恐怖に追い詰められ、死について考え続けました。

この時期から始まった「人はなぜ生まれて死ぬのか」という自問は、大人になっても続き、答えを求め続けました。やがて「求めよ、さらば与えられん」という言葉の通り、「生と死について」のヒントがちりばめられた出来事が、パズルのようにバラバラの順序で人生に現れ始めるようになりましたが、起こった時にはその意味がいつもわかりません。パズルが1ピースだけでは何の絵かわからないのと同じように、それだけでは意味がわからないのです。

やがて光の玉が現れてすべての出来事がつながり、答えを得ることになっていきました。

見えない世界のルール

3

子供のほうが見えない世界とつながることに優れている。

4
「部屋の模様替え」でいいことがやってくる

父は私が小学生の時に起業しましたが、数年で倒産してしまいました。ビジネスが思うように進まなくなってから、毎晩大声で喧嘩する両親の声を布団の中で聞くことになりました。子供の私にはどうすることもできず、ただ聞いているしかありません。耐えられなくなった私は、現実に起こっていることは自分の領域にはないのに、自由なはずの心まで影響を受けて引っ張られるのはやめようと思いました。そこで、現実を心と切り離して、全く違う自由な現実を想像しながら眠りにつくようになりました。心の中にあるその世界はいつも平和で、幸せな日常があり、翌朝目が覚めてからもその気持ちは持続していました。

それは放課後の一人遊び

この頃には遊び相手だったひいおばあちゃんが亡くなっていたので、弟と二人で使っていた四畳半の部屋に、昨夜想像した心の中の空間をセットする〝お部屋づくり〟が、私の新しい遊びになりました。とはいっても、家具や小物を買うことはできないので、八百屋さんからもらってきた頑丈なみかん箱を切ったり重ねたり貼ったりして家具をつくり、想像した心の中の空間と同じ位置に置きます。壁にはポスターや自分が幼稚園や小学校で描いた絵や書道を貼りました。想像することが変わり心の中の空間が変わると、それに合わせて自作の段ボール家具を置く場所や、壁にかける絵や書を変える模様替えをしました。

平和で幸せな気持ちは、眠る前の想像から始まって持続し、無心でお部屋づくりや模様替えをしている間ずっとその気持ちでいることができたので、私にとって自分で自分を癒す最良の薬となりました。小学校の友人のほとんどは放課後に塾通いをしていて一緒に遊ぶことができなかったので、お部屋づくりと模様替えは私のお気に入りの放課後の一人遊びになりました。

いつも小さないいことを起こす方法

しばらくすると、なぜかお部屋づくりや模様替えをした翌日から数日後に小さないいいことが起こることに気づきました。子供の私がいいことと感じたのは、小さなプレゼントをもらうとか、当時の女子児童に流行っていた遊びのゴム跳びが以前より高いレベルまで飛べるようになるとか、走りが速くなってクラスの選手に選ばれるといったことです。

大人になるまでこのことを忘れなかったのは、褒められるようなことや、トレーニングといった、考えれば結果につながることがわかる努力は特に何もしておらず、お部屋づくりや模様替えをした後にいつも小さないいことが起こったからです。一度や二度の偶然ではなく毎回お決まりのパターンで、こうすればいいことが起こるということは子供の私にもわかったので、自然とノウハウになっていきました。

いいことが起こっている場面を想像して思い描いて、心の中を楽しく幸せな気分でいっぱいに満たしたまま眠りにつき、その気持ちを持続したまま翌日に部屋づくりをするのです。

自分の人生を他人に支配させない！

青春時代や会社員になってからも模様替えが趣味でした。すでに私にとって当たり前になっていたノウハウを他の人が知らないとは、お店づくりに関わるまで気づかず、ましてや私の一生の仕事になるなどとはこの時には思ってもみませんでしたが……。

今、わかっていることは、このノウハウで部屋の模様替えを行うと魂とつながれるということです。

人生にはさまざまなアクシデントが起こります。魂とつながらず生きていると、誰かが何かを言うたびに影響されて心が揺れて、右往左往したりパニックになって、「他人にコントロールされやすい人」になってしまいがちです。これまでの世界は、一握りの人が、魂とつながっていない大多数の人間をコントロールすることで成り立っていました。もしあなたが、深い考えを持たず他人の考えに乗るだけなら、自分の人生の舵（かじ）を任せた、他人の人生を歩むことになってしまいます。

今、まさに新しい時代がそれに取って代わろうとしています。本当の自分である魂の声に従って生きることが大切です。

まずは、心を開いて、ただ〝今〟にいられる「家」を、自分の魂が喜ぶようにつくっておくことです。ちょっと考えた程度の思考では創造できません。耳を澄まして光の領域からのメッセージを受け取り、静かで細やかな深い思考をすることが必要です。

これを実際に行うレッスンに適しているのが、部屋の模様替えです。深く考えるのが苦手な人ほど挑戦してみる価値があり、得意な人はさらなる飛躍が期待できます。

見えない世界のルール

4

魂の声に従えば人生はうまくいく。

5

「また来たい」と思うお店のつくり方

言葉や心を読み取る能力が強いという個性を持って生まれてきた私の弱点は、数字を覚えられないことです。

例えば、時計を見て確認したばかりの時間をすぐ忘れてしまうので、いつも４回、５回と時計を見ることになります。最近では何度聞いても怒らずに教えてくれるスマートスピーカーに「今何時？」と尋ねられるので助かっていますが、それまでは時計を見てばかりいる自分が情けないなとよく思いました。

また、今でも暗算が苦手で、２桁の足し算になると指を使わないとできません。部屋づくりでは、寸法取りが大切な仕事なのですが、すぐメモしないと忘れてしまいます。

嫌なことは繰り返し現れる!?

苦手意識があり、**強く「嫌だ」と思うものは、繰り返し現れる**という法則がこの世界には存在します（この意味やしくみについては後の章で詳しく説明します）。その法則通りに、私が就職する先は苦手とする図面がなければ仕事にならない業界ばかりでした。

最初に就職した電気建設資材の卸売商社では「図面のコピー」に異常な拒否反応を起こしました。

この頃はちょうど手書き伝票を電算室で動く大きなＩＢＭコンピュータに入力する時代から、課ごとに新しく導入されたパソコンでの直接伝票発行に移り変わる時期でした。コピー機も今のように当たり前にあるのではなく、最大Ａ３の白黒コピーができるコピー機が会議室に１台あるだけでした。

仕事柄、大きな図面を印刷する必要があるのですが、たいていの場合は第二原紙と呼ばれる感光紙を使った青焼き（ブループリント）を使います。考察のために書き込みが必要な場合は、それを４つとか８つのパートに分けて白黒コピーするのですが、この作業が嫌でたまらなかったことを覚えています。

その後、転職して数社の電機機器関連企業をへて、スパ施設の設計施工業者で働くことになりました。この会社の設計者や、客先であった竹中工務店設計部の仕事ぶりに心を打たれ、図面への苦手意識を克服したいと思い始めた矢先に、急に結婚が決まり退職することになりました。ところが、偶然にもそのお相手の仕事がお店づくりだったのです。

しばらくの間は、太秦(うずまさ)映画村や、吉本興業のキャラクターショップ、嵐山のみやげ店やファーストフード店の、木工や塗装、看板の文字書きなどを手伝い、見よう見まねで作業を覚えていきました。

数字や図面の他にもパソコン操作にも苦手意識を持っていたのですが、マッキントッシュPC用写真ソフトと、デザイン制作ソフトの基礎講座に放り込まれて覚える羽目になりました。

振り返ってみると、強要されたと感じて当時は嫌でしかなかったことが、今の私を支えています。今はただ、本当に有難かったと感謝しています。

「やるしかない」とやってみたら……

お部屋づくりが私の一生の仕事になる最初のきっかけとなったのは、1997年頃に京都の寺町界隈のアクセサリー店づくりに同行したことでした。

新しい京都駅ビルが完成目前となり、伊勢丹の仕上げが行われている最中で、寺町のアクセサリーショップと伊勢丹に入る別のお店の工事日程が重なってしまい、断ったにもかかわらず、「お客様の話し相手になりながら留守番だけしていてくれたらいいから。何かあったら携帯で連絡する」と、アクセサリーショップに連れ出された私は、現場に置き去りにされてしまいました。

そうはいっても、黙って座っているわけにもいきませんから、オーナーさんの開店準備を手伝ったりしていました。

すると間もなく、「駅ビルに閉じ込められた。シャッターが次に開くのが3時間後、行けなくなったから朝までに仕上げといて」と携帯電話で連絡が入り、唖然呆然（あぜんぼうぜん）としました。

お店づくりどころか、電動ドリルドライバーを一人で操作して使ったことさえありません。でも、お店は明日オープンで、頼んでくださったオーナーさんに対して責任がありますから、「やるしかない」と降伏し、心を決めて、これまでに手伝ってきたことを思い出して見よう見まねでやってみたところ、なんとお店づくりができてしまったのです！

気持ちを切り替えて、楽しいことを考えて、幸せな気持ちでつくる

このお店のキャッシャー台は金属製で、ステンレス板を貼った面にわざと研磨跡をぐるぐる残すデザインでした。お店の工事の数日前の夜、板金工場で出来上がった台に、最初は夫が研磨を施していたのですが、「柄が気に入らないから新しいのをつくる」と途中でやめてしまいました。

「もう一つつくる予算はどうするつもりなの？　間に合わなくなる納期はどうするの？」と、私と口論になり、「台はちゃんと仕上がっているんだから、この上から、もう一度いいデザインの研磨をしてカバーすればいいだけじゃないの？　あなたに自信がなくてできないなら、私がやる！」と、啖呵（たんか）を切ってしまいました。

もちろん研磨なんて一度もやったことがありませんので、板金工場の社長から研磨機の使い方をその場で習い、私がぐるぐる模様を施し始めました。

先ほどの口論の後で、夫のふがいなさにはらわたが煮えくり返っていたのですが、そのことを考えて気が散ってしまうと、手足に大怪我をしたり指を失う可能性があります。わが身の安全を確保しつつキャッシャー台をうまく仕上げるためには、せめて今から数時間は、起こった出来事と切り離して心を静かにする必要がありました。

私は深呼吸をして静かな気持ちを保つようにし、アクセサリーショップで多くの人が買い物を楽しみ、このキャッシャーに商品を持参してお買い上げされる場面を想像しました。このようにお店が繁盛するイメージを持ちながら、ステンレス什器(じゅうき)に、新しい研磨跡をぐるぐるとつけていきました。

建築への苦手意識から、しばらく忘れていた「気持ちを切り替えて、楽しいことを考えて幸せな気持ちでつくる」という子供の頃の意識と偶然その瞬間つながって、あの感覚が戻ってきたのです。

これで必ず繁盛する店が生まれる

このアクセサリーショップは店舗の場所は移転されましたが、今でも寺町界隈で営業を続けられています。

これをきっかけに、お店づくりに興味が湧き、楽しみになりました。そして、「注文をくださるオーナーに対してデザインがいいだけの店をつくるのではなく、『必ず繁盛する店』を提供したい」と思い、「お店に来たお客様が楽しい時間を過ごし、飲食や買い物をしていい気分になって、帰宅してもその気持ちが持続して家族や友人に幸せが広がる。そしてまた来店したいと思う」というイメージを持って、手伝うようになった結果、面白いほどお店は成功していきました。

このノウハウは、私にとっては実に当たり前でシンプルなので、「また来たい」と思う店をつくるのは簡単でした。案の定、次から次へとお店づくりがうまくいくようになったのですが、「何を使ってどのような理論で成功させているのですか？」と質問を受けます。「最高の結末を思い描いて、いい気分でお店をつくるのです」と答えても、納得していただくのには説明不足でした。

直感的に、インテリア設計と心理学を組み合わせたら説明できるのではないかと思い、この二つを学び始めました。面白かったのは、心理学が、私がこれまで行ってきたことや光の玉の情報と整合性があったことです。

当時はまだ心理学さえ、一部の工務店の社長から「まじないか占いの一種ですか？」と言われたこともありましたが、目に見えない心を探求する学問〝心理学〟と結びつけて説明をすることで納得してもらいやすくなりました。

わからないことを盲信して使うのではなく、腑に落ちてから活用していただきたいと常に考えていますので、この本では心理学実験のデータも折に触れご紹介していきます。

見えない世界のルール

5

最高を思い描いて、楽しい気分でつくれば成功する。

6 工務店が建てた家の通りになる人生

初めて会うオーナーから、突然お店づくりの依頼が3件入った月がありました。話を聞いていると、そのどれもが変だと直感的に感じた私は断ることを強く勧めたのですが、社長である夫は売り上げをあげようとして、それを受けてしまいます。

この3件は私の予想通り、過去の一時期に多発した意図的な悪巧みでした。銀行の見積もりを取って資金調達をして工事を行った後に、工事代金を支払わずに逃げるという手口だったのです。

1ヶ月に3件このような目にあってしまったために、もうどうしようもありませんでした。しばらくの間、すでに木工や電気、看板や左官、クロスや塗装工事をしてくださった業者さんに支払うお金をかき集めることに私の毎日が費やされました。その時に、「家を新築する人に逃げる人はいない」ということに、ふと気づいたのです。大志を抱いたのではなく、お店から家づくりに転身した最初の理由はこれでした。この事件がきっかけで、私は子供を連れて実家に戻り、独立して仕事を始めることになりました。

一生の夢であるおうちづくりを丸投げですか？

２００１年に実家の建て替えをしたＮ工務店は、評判がよい京都の中堅工務店で、今でも仕事をお願いしたりされたりする良好な関係です。そんな優良工務店であっても、当時は高齢の母に図面で説明をして、わかっているはずがないのに了解を取りつけて工事を進めていました。

そこで、私が図面を写真合成ソフトで加工して、お部屋の完成予想がわかるように母に説明をしてあげることにしました。これによって、図面の段階で違和感がある間取りやコンセントの位置、押入れの寸法などをチェックして、工事が始まってからほとんど変更なく、狭いながらもよく考えてできる限りのことを尽くした家となりました。

この時、隣家からの強い誘いで（建築基準法の関係でうちの土地が少しないと隣家が建築不可だったため）２軒同じＮ工務店で同時に建てたのですが、隣家は建築前に十分な検討をせず、図面を理解しないまま建ててしまった結果、暮らし始めてから不便な点がけっこうあったと聞きました。結局、隣家は引っ越されて、２０１９年に建物が取り壊されて更地になってしまいました。

さて、私は7年間携わったお店づくりをやめて、２００2年頃に新築やリフォームをするお客様をサポートをする仕事を始めました。この時にはすでに、お客様がまた来たいと思う繁盛店が簡単にできること、お部屋で建築前に意図した通りのいいことが起こることはわかっていました。

某工務店と組んで仕事をするようになってから、ほとんどのお客様が私の母と同じように、いったいどんな感じに家が仕上がるのか想像できないまま、一生の夢である新築やリフォームを工務店に依頼している現状を初めて知りました。私がお店のプランをしていた時は、1から10までデザイン画を詳細に描いてオーナーに見せ、事前に練りに練ってからつくり始めていたので、「こんなことあり得ない！」と驚きました。

工務店側で住む人のことをよく考えた建築ならまだしも、実際には敷地の上に間取りソフトでポンポンと適当に部屋を配置してつくったプランで、打ち合わせをしている営業もいました。また、「この日までにこれをしないと何日に契約して何日に家が建ちませんから、決めてください」とお客様を急かしながらどんどん話が進んでいく場面も多く見ました。大きなイベントである家づくりは、誰もが複数回経験するわけではないので、お客様は「こんなものなんだな」と思ってしまうでしょう。

私が模様替えを勧める理由

私は中立の立場ですから、一緒にお客様の人生について考えますが、工務店の場合は、契約を取って安全な家を約束した日までに建てることが仕事で、土地と建物からの専門的な視点で家がつくられます。これでは、家を建てる人は、工務店に見せられたクロスや衛生機器を選ぶだけで、**「どのような幸せが欲しいか」を思い通りに意図できる人生最大の機会**を見逃してしまうことになります。

私は、お客様から「お任せします」と言われることもよくありますが、**考えることを避けない**で欲しいと思います。もちろんお手伝いはしますが、深く考え抜くことはそれ自体が生きる意味の一つで、魂が喜ぶことでもありますから放棄しないでください。何も考えないと、他人に自分の人生の舵を任せて、その人生を歩むことになってしまいます。

十分な意図をするためには、家を建て始めるずいぶん前から、静かに細やかに深く考えることが必要です。この深い思考に適しているのは、部屋の模様替えです。静かで細やかな深い思考は、宇宙とつながって得られるもので、単に頭だけで考える「思考」とは違います。私が模様替えをお勧めする理由は、魂の源である宇宙とつながり、幸せに満ちた暮らしを手に入れやすいノウハウがあるからです。

「どのような幸せが欲しいのか」を考える時間を持つ

特に意図なく建てられた家に引っ越して、コンセント位置に沿って家電を置くと、生活空間が自然と定まっていきます。そして人はその空間から受けた印象通りの行動を知らず知らず始めて、それがなんらかの結果をつくり出していきます。つまり、工務店が建てた家通りの人生になっていくのです！　それでもいいですが、家を建てるために仕事に費やしてきた時間はあなたの命の一部であり、おうちは家族全員の大切な居場所になることを思うと、もっと〝人中心〟に創造していくべきだと思います。

２００２年頃は、お部屋の完成予想３Ｄをリアルにつくって見せるソフトが出始めたばかりで、大企業の社員だけが長い時間をかけて完成予想イメージを作成していました。高額だったので、立派な建築のお部屋イメージの説明に使われるのが主流でした。建築予算や家の豪華さや広さで、事前に幸せについて考える時間に大きな差が生まれることに違和感を感じた私は、簡易な室内デザイン用３Ｄソフトを工夫して使い、一般的な新築やリフォームの際も、お部屋イメージを簡単に見ていただけるようにして好評を得ていました。

図面から完成と違わぬレベルの明確なイメージができるのは、プロでさえも限られた人だけです。口頭の説明では、例えば「丸を三つ描きます」と言うだけでも、人によって横に並べる人、縦に並べる人、重ねる人等々……それぞれ多様で一致せず、説明と出来上がりの間に違いが生じてしまいます。でも、写真を見ているかのような完成予想イメージを見れば、みんなが一致した認識で、出来上がりがわかります。

ましてや建築が専門ではないお客様は、完成イメージを見て初めて、ここをこうしたいという自分の希望がわかります。目で見ることで、改善点ややりたいことが出てきやすくなるために、私にはお客様とたくさんお話をする時間ができました。

ご家族での会話を観察していると、ご主人の浮気に長年悩んだ悲しみを怒りでぶつけている奥様……。仕事に疲れて帰ってきてほっとしたい時間帯に、弾丸トークが止まらない奥様と距離をおきたいご主人……。家づくりという千載一遇の大イベントには家族間の人間関係の問題が浮き彫りになってよく見えました。

そこで、家のつくりやデザインからのアプローチで、今ある家族の問題が自然に解決して幸せになっていく提案をすることにしました。**家族が幸せになるシナリオを事前によく考えた家**とそうでない家の違いは、完成したばかりのピカピカの新居の見た目だけではわかりません。住み始めてしばらくしてから以前の暮らしと変わったことに気づくので、後日「ありがとう」とお礼を言われることが多くなりました。

見えない世界のルール

6

幸せについて考え抜くことは魂が喜ぶこと。

7「ルームセラピー」をあなたに

一定時間、深く思考し続けると、その答えが与えられたり、その通りになったりします。私は「これからつくる家に暮らす家族の幸せ」について考えて関連する資料を調べることにほとんどの時間を費やし、一定期間そのことについて深く思考し続けたために、目には見えない存在が光の玉にデータを詰め込んで、私に届けて答えを教えようとしてくれたのでしょう。

光の玉が見せてくれた映像は、一人の心が光り始め、輝きを増して家族全員に広がると家全体が光り、庭の芝生が青く光り始める場面でした。やがて光はさらに広がって、隣や向かい、周囲の家へ、そして街全体へ、市から国へ、国から世界へとどんどん広がっていきます。その瞬間に、**「一人の心の光が増す部屋づくりをお伝えするだけで世界が平和になる」**とわかり、これをやるしかないと心を決めました。

そこで、インテリア設計と心理学に紐づけて整理していた、お部屋づくりのノウハウを「ルームセラピー」と名付けて出版し、多くの人に届けようと考え始めました。もちろん初めてのことですから、どうしたら出版できるのか全くわかりません。でも、不思議な道をたどって、この数年後の２００９年にＰＨＰ研究所さんから出版していただけることとなっていきます。

10年後の自分に聞いてみた！

２００３年頃、「ルームセラピー」でも用いる心理療法の一つを使い、「本を出版している10年後の自分」にどうして出版したのか聞いてみることにしました。馬鹿馬鹿しいと思うかもしれませんが、目に見えない存在（過去や未来の自分も含む）が情報を教えてくれることがあります。いくつかある方法の中から、いちばん簡単なやり方を一つご紹介しましょう。

夜眠る前に枕元に筆記用具を準備し、質問を自分の周囲の空間に投げてから、そのことは忘れて眠ります。答えやヒントが来たら忘れないうちにすぐ書いておくのです。実業家や作家の多くが実践している方法です。

さて、未来の自分は「本をすでに出している知人に『どうしたか』を聞いて、その通りにして初出版を果たした。今10冊の本が世に出ている」と言いました。ある女性が思い浮かんだので、後日実際に「どうして出版したのですか」と尋ねてみると、100％通る出版企画書を作成する実績を持ち、有名著者のリライトもされていた畑田先生を紹介していただきました。

この、亡き畑田先生のご指導で、2004〜2005年頃に「ルームセラピー」の出版企画書が出来上がり、30社以上に送りましたがいい返事はなく、この企画書は自宅で眠ることになります。目に見えない存在はいつも、ベストタイミングで物事が起こるよう采配しますので、出版のタイミングとしては、時期尚早だったのでしょう。それから丸3年が過ぎたある日、不思議な出来事をきっかけにあっという間に出版が決まることになります。

天使のささやきがやってきた！

昔からよく知っている八百屋さんの依頼で、お店を改装中のことです。脚立の上に乗って天井の塗装仕上げチェックをしている時に、携帯メールが着信しました。

それより少し前に一度会った女性の「U先生の出版記念講演が京都の大垣書店であります、何人呼べますか」という、あいさつなしで要望だけが書かれた連絡だったので、スタッフの誰かと間違えて送られてきたメールだと思いそのまま放置していました。すると再度の着信があり、そこには「懇親会場を探してください。会場近くで時間の融通がきき、50人以上入れて、対応がよく、食べ物が美味しくて云々……」と、また要望だけが列記されていました。

私はちょっとムッとして、またそのままメールを放置しようとすると、「それをやってあげると著者（U先生）の株が上がるんじゃない？」と、自分の考えにはない声が、頭の右上あたりの内側でしました。

光の玉は目を通さずに見えましたが、今回の声は耳を通さずに聞こえました。最初は天使が耳元でささやいたのかと思ったので、〝天使のささやき〟と呼んでいましたが、自分の声で、体の外側からではなく、内側から声がしました。そして、以前に板金工場で研磨機を使っていた時と同じように、脚立の上で気が散ると危険なので、深呼吸をして静かな心でいようとし、安全に作業を進めていた時でした。

天使のささやきは、ギョッとする感じではなく、さっきまでムッとして2通の携帯メールを無視しようとしていたのにもかかわらず、すぐ「それもそうだな」と、声の言う通りにしようと思えました。それから、日本全国の友達に電話をかけてU先生の講演会に誘い、息子を連れて試食がてら食事に行き懇親会場を探して決めました。

こうして2冊の本が出た！

当日の懇親会で全国から集まってくれた友人たちと楽しく会話していると、著者のUさんがやってきて「山田さんのおかげでいい会になりました。出版されたいと伺っていますが、これからＰＨＰ研究所の担当編集者さんが来られるので、お礼にご紹介しますね」と言われました。その時にご紹介いただいた編集者さんにすでに完成していた企画書を郵送し、１週間後にはＰＨＰ本社で出版契約書にサインをしていました。その翌年の２００９年、『お金を呼び込む部屋づくり』が初出版されることになります。

企画書作成指導をしてくださった畑田先生は、本が世に出るまで出版社に声かけをしてくださるかたでしたので、眠ったままの私の企画書を気にかけて、知人の出版エージェントに手渡してくださっていました。PHPさんからの出版が決まった直後に、このエージェントさんから急に連絡があり、『思い通りの人生に変わる「ルームセラピー」』が海竜社さんから1ヶ月違いで続いて出版されることになって、新人の新刊2冊が、書店さんで並んで、平積みしてもらえることになっていったのでした。

出版後すぐ、読者向けに「ルームセラピー体験講座」を開催しました。講座もこれまでやったことがありませんでしたが、「家を建てる人やリフォームする人が事前にこれをやっておけば最高の結果になるのになぁ」と思っていたワークをたっぷり時間を取って行うことにしました。

ワークの前に「ルームセラピー」について、自分ではない誰かが話しているかのようにとうとうと降りてくるまま話し、スライドは準備せずにホワイトボードに図で描いて説明しました。終了後の評判は「適正価格に値上げしてください」という変な逆クレームが出る好結果となりました。そこで、親友が撮影してくれたこの日の映像を自分で編集し、それを自分で繰り返し見て、「ルームセラピー講座」の基礎が完成しました。

「幸せになれる部屋」で羽ばたいていこう

読者さんの自宅を訪問して〝こうありたい自分〟でいられる部屋に整える模様替えも始めました。一緒に〝ありたい自分〟や〝幸せを感じる家族関係〟が実現する部屋をつくっていきます。生まれる前に誰もが自分で計画してきている大切な個人の人生シナリオ修正を私が勝手に手伝うことはできません（自分でできるやり方を、Chapter3とChapter4でお伝えします）。寄り添い見守るしかありません。

でも、そのシナリオが演じられる舞台セットである「家」は私が手伝って変更してもよいのです。舞台セットが変われば、自然とそれに影響されて心が変わり、行動が変わり、結果が変わっていきますから、これ以上の方法はないでしょう。

一人で頑張って空回りする母親に黙って付き合っているうちに学校に行けなくなって引きこもってしまった子供たち……。

本当はご主人と娘についての悩みを解決したい気持ちを引っ越しにすり替えて、収納がたくさん欲しいからと、今より収納が減るマンション購入を計画している奥様……。

クライアントさんたちが悩んでいた現実は変化し始め、模様替えを進めるうちに消えていきました。そして、新しく生まれ変わったお部屋で、〝ありたい自分〟として、これまでとは別の、新しい人生にそれぞれ羽ばたいていかれました。そして誰もが「今住んでいるこの家が大好き！」に変わったのです。もし今後、新しい家に引っ越す時にも、きっと模様替えで繰り返し練習して身につけたことが役立ち、「土地や家」「物」ありきではなく、「最高の幸せを感じながら生きる」ことを中心にした家づくりをしていかれるでしょう。

見えない世界のルール

7

模様替えで悩みも消える。

8 空間で人生はどうにでも変えられる

人生シナリオに自分で描いてきたテーマは、自分で乗り越えてクリアしていくしかありません。「そんなの無理」と思っている限り今の状態をぐるぐる回って繰り返すことになります。クリアする鍵は静かで深い思考と、それを現実に活かす〝創意と工夫〟です。頭の中のおしゃべりを止めた静かで深い思考と、とことんよく考えることをバランスよくつなげることが大切です。ところが多くの人が2種類の思考をつなげることを避けようとするのです。

体重の約2％の重さしかない脳は、体全体が消費するカロリーの20～25％も消費するといわれています。子供や、考える職業にある人はこの消費カロリーがさらに大きくなるそうです。つまり、考えたり新しいことにチャレンジするとくたびれるということです。

ところが、大人になるとつい、過去にうまくいった体験があるので、それにならったり、考えずに済むラクなほうへと流されたりしがちになります。すでに誰かがつくったレールの上に乗って考えずに進むのはラクですが、人にコントロールされやすくなってしまいます。古い時代の世界はこのパターンでしたが、これからは違います。あなたが静かで深い思考で得た直感を、〝総意と工夫〟につなげて現実に活かせるように考えるのです。

小さな直感を日常生活に活用するということ

この原稿を執筆中のホテルで、こんなことがありました。野菜と生ハムとチーズをすでにスーパーマーケットで購入してあり、サラダにして食べる予定だったのだけれど、調理器具がありません。そこで、アイスペールに目を留め、それをボウルがわりに野菜を洗い、そこに野菜を入れ、生ハムとチーズをちぎり入れてつくった美味しいサラダは、引きこもり生活の毎朝食に貢献しました。これは「アイスペールは氷を入れるもの」という固定概念から離れることができないと、生まれないアイデアです。

海外旅行の笑い話で、トイレの中にある〝ビデ〟を何に使うものか知らずに「スイカを冷やした」なんていう話が昔ありましたが、ウォシュレットが当たり前になった今では、そんな人は少なくなったでしょう。固定観念がなければ、「これなんだろう?」と自由な使い方を試してみられるはず。

すべての固定観念をはずして模様替えをすることで、あなたの心は自由になります。これまで頭の中にはなかったアイデアやひらめきが出てくる時、その発生源は目に見えない世界です。必ずそれがやってくると信じられるようになると、魂の輝きが増してきます。それを現実の生活に活かすための模様替えにつなげるには、創意と工夫を持って、家具の移動や、額の取り付けなどをすることが必要になってきます。

スピリチュアル力を鍛えて直感を磨くことに興味を持って学ぶだけでは、せっかく人間として現実を味わうために生まれてきたにもかかわらず、スピリチュアルに傾倒した人で終わってしまいます。スピリチュアルからの学びを現実に活かすと、人間として生きる醍醐味(だいごみ)が生まれていきます。小さな直感をちょっとした日常生活に活用する積み重ねが、やがて、あなたの人生を飛躍させます。

私にご相談をくださるクライアントさんは全員違う人生、家族、仕事、事情、家で暮らしていますから、一度も同じパターンはありません。私でも初めて伺う前には毎回、武者震いがするのです。でも「必ずうまくいく」ということだけは、わかっています。

柔軟な発想でさまざまな角度から物事を見て、お部屋にあるものを減らしたり、移動したり、形を変えたり、加えたりすることで、今いる部屋は〝ありたい自分〟が暮らす部屋に変わります。たいていクライアントさんは「そんなの無理」と言われますが、一緒に考えることを放棄されない限り、必ず実現していくので驚かれます。この体験を通して「柔軟な発想」を身につけられれば、人の意見や社会の風潮に惑わされず、自分の魂の真実の声を聞く力が育っていくのです。

私の人生ではありませんから、あなたが考えて模様替えをする必要があります。考えることには大きなエネルギーを使いますから、心と体がくたびれている時には向きません。そんな時にはまず、ゆっくり休むことです。〝ありたい自分〟のお部屋づくりは、元気な時だけ行うようにしてください。

光の玉は、「部屋を変えると自由に人生が変わる」ということを教えてくれました。映画やドラマには、シナリオと舞台セットがあり、演者がいて、ストーリーが展開していきます。人生シナリオの舞台はお部屋や店や会社空間であり、演者はあなたです。舞台セットが変わることでストーリー展開が変わることは、なんとなくイメージしていただけるのではないでしょうか？

お部屋には見えないグリッドがある

インテリア業界では、室内のデザインを考えたり完成予想スケッチを描く際に「グリッド」というものを使います。グリッドとは、等間隔に格子状に交わる基準線のことです。お部屋には目に見えないグリッドがあると思ってください。グリッドのどの交点に何を置くかで、部屋はどうにでも変わり、自由に舞台設定が変わります。

地球にも経度緯度というグリッドがあり、どの位置かで気温や日照時間が変わり、動植物の生態系や、人の暮らしに変化が起きます。地球に磁石のような磁界があることは学校の理科の時間に習いましたね。例えばトイレの排水が右巻きと左巻きどちら

あなたのお部屋にも見えないグリッドがある

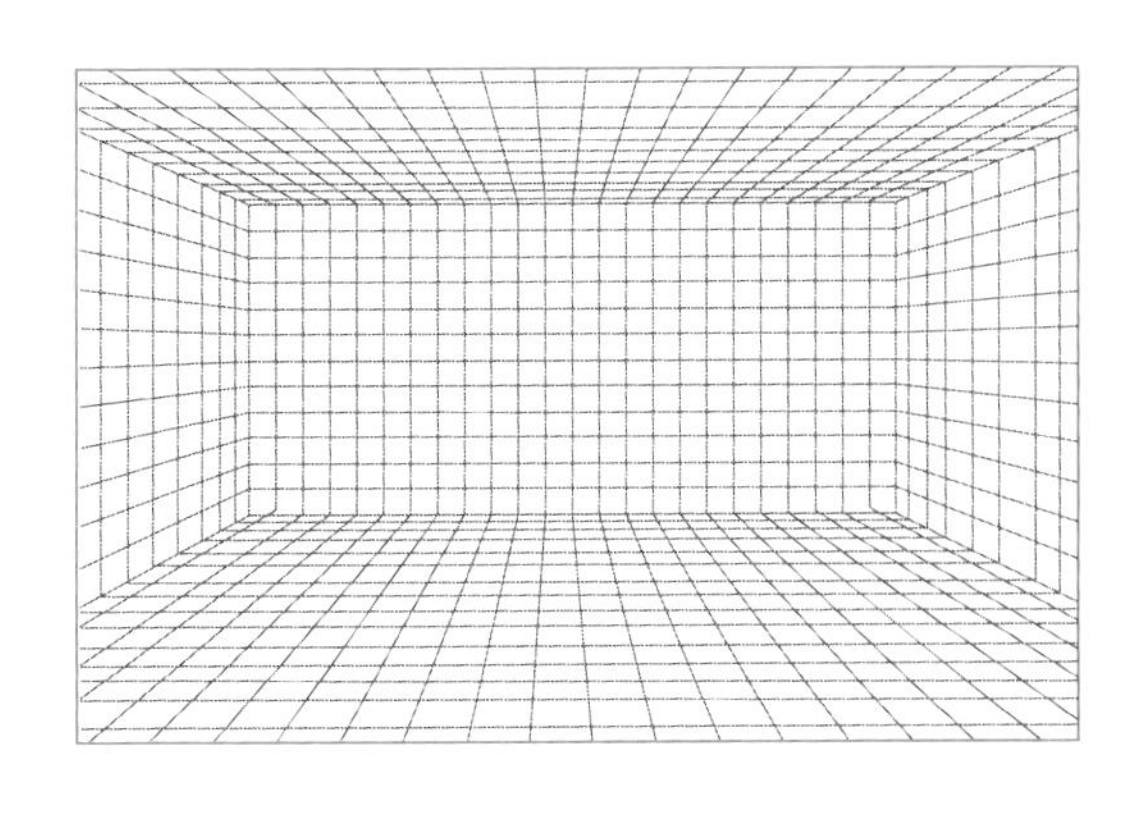

で流れるかは、赤道を境にして変わります。
このように、私たちは、経度緯度のどの地点にいるかで体験する現象が変わる法則がある地球に住んでいます
また、地球と同じように、微弱電気で動く心臓をポンプにして、塩分を含む血液が高速で全身を巡ることにより、コイルと同じ原理で発生する磁界を人間も持っています。肌に触れた時ほどのはっきりとした感覚ではありませんが、体にそっと手のひらを近づけていくと、磁界の境界あたりでかすかな圧を感じることができます。
グリッドも磁界も目には見えませんが、私たちの生活に関係しています。

また来たいと思う店をつくることさえ簡単、会社が1年で2倍に成長することさえ簡単なのが空間の強力なパワーですから、実は、悩みの解決や便利にするためだけに部屋づくりを使うのは少しもったいないのです。

もし今あなたが何かに悩んでいるとしたら、気持ちを切り替えて、あなたの人生を自由にデザインすると決め、これからお話しする方法で模様替えをして欲しいと思います。その結果、悩みは自然と消えていくでしょう。

見えない世界のルール

8

人生のテーマを乗り越える第一歩は、固定概念をはずすこと。

Chapter

2

知っておきたい「あの世と人生」のしくみ

9 〝内なる空間〟に描くと驚くほど叶う

私たちは、二次元（平面）、一次元（線）、ゼロ次元（点）を見ることができますが、四次元以上の世界は、「目に見えない世界」となります。つまり、自分より低い次元は見えるけれど、高い次元を見ることはできません。ここで考えて欲しいのは、私たちの肉体は三次元にあるのに、なぜ三次元の世界が見えるのか？　ということです。

こんな体験はないでしょうか？　映画館で映画を見ているうちに、ストーリーの中にどっぷりと入り込んでしまい、見終わって初めて「あ、映画を見ているんだった」と、席にいる自分に戻る……。映画の演者やスタッフの仕事は封切りまでにすでに終わっており、映画の実態は、ディスクに刻まれた電気信号です。電気信号がスクリーンに投影されているだけなのに、時に私たちは、そのストーリーと臨場感に引き込まれて、主人公になった気持ちで画面の中に入り込んでしまいます。

なぜ、ゲームの中に入り込んでしまうのか？

今度は、ゲームをしている場面をちょっと想像してみてください。家族や友人と一緒にゲーム機のコントローラーを持ち、画面の中の世界でバトルやアドベンチャー、伝説の世界を体験するうち、まるでゲームの中にいるかのように、どっぷりはまり夢中になってしまう……。

でも、そこは私たちがいる本当の世界でないことはわかっています。コントローラーを握ってゲームの登場人物を動かして、失敗したり成功したり、何度もトライして、秘密を解いたり能力をあげながら、画面を見て、ゲームを楽しんでいるだけです。プレーヤーは自分で、ゲームソフトの基盤の中に組み込まれたデータがゲームの設計図です。

ゲームは、宇宙のしくみと似ています。ゲームの場合は、画面を閉じるとすぐ日常生活に戻れます。当たり前ですよね？　ところが、人生というゲームにどっぷりつかると、自分がプレーヤーだったことを忘れてしまい、画面の中から出られなくなってしまいます。いったんゲームを止めて、画面の外に出て、冷静なプレーヤー感覚を取り戻すことがこれからの時代は大切になってくると思います。

私たちは宇宙の源で人生ゲームをしている

そう、実は、**私たちは「人生ゲーム」をしている存在**で、本体は目に見えない世界にいます（次の項で、私が実際に見たこのしくみをお話しします）。ゲームをする時は、画面を通して展開されるストーリーを楽しく見て、セーブポイントで記録保存しています。この保存は、現実世界では日々の眠りの中で行われ、宇宙のビッグデータにアップロードされます。

宇宙は私たちの人生ゲームのデータ集めをしています。ゲームの中に入り込みすぎさえしなければ、私たちは必要な時にいつでもビッグデータからデータをダウンロードできるようになっています。目覚めると、セーブしたところからまたゲームが開始できます。

私たちは、人生ゲームのプレーヤーであり、本体は宇宙の源に存在しています。ところがゲームに入り込みすぎると、自分がプレーヤーで、努力せずデータをダウンロードできることを忘れてしまいます。無理やり頭だけで考えて捻出しようとし、元いた光の領域はないものとして、光の源と切り離された世界で、迷子のようにゲームを続けることになってしまいます。

この人生ゲームのプログラムは、プレイステーションや任天堂のゲームの実態がプログラムで、インターネットに接続してゲームをするとおおもとのサーバに記録が保存されていくのに似たシステムです。

私は、0101010111……というふうに数字がびっしり羅列されたトンネルのような巨大チューブの中に私の頭が入っていて「設定変更しました」と、右上のほうから声が聞こえた体験をしています。

この情報に関しては、それ以上詳しいことはわかりません。ただ、この時から、以前に増してインパクトが強い出来事が起こるようになりました。これまでの人生ゲームに慣れて、難易度が安易になりすぎると、レベルを少しアップした辛口人生ゲームにできるのかもしれませんね。次はぜひ甘口に変更したいものです。

内なる空間とは何か?

さて、私たちがいる世界と、宇宙の源との間には、双方の影響を緩衝するような役目を果たす空間があります。私たちの内側の世界に存在し、現実にある部屋のような見え方をします。人によって、神殿のようだったり、洞窟のようだったり、小屋のようだったり、それ以外にも想像できる限り、人により空間の見た目はさまざまに違います。

また、この空間は現実世界とは違うために、一瞬で模様替えが可能だという特徴があります。私が変えているのは、この空間です。

インターネットは宇宙のしくみをお手本につくられたので、この二つはよく似ています。例えば、Googleドライブで、信頼する家族や友人や会社のメンバーなら、許可すればデータを共有して見ることや、変更や、共同作業をすることができます。

私はこれと同じように、信頼して共有してもらったクライアントさんの内なる空間を、相談し許可をもらいながら模様替えしています。この空間で一定時間継続して思い描いたことは、現実になります。「引き寄せの法則」などといわれているのはこのことを指します。

「分かち愛の法則」ですぐに実現！

「お金が足りない」「結婚できないとどうなるのだろう」といった、望まぬことを「欠けている」と感じて「嫌だ」と強く思うことは誰もが得意で、簡単にできてしまいます。常にそのことばかり心配して考えているので、現実化に必要な一定時間を楽々オーバーしてしまいます。その結果、簡単に現実化し、繰り返し現れるのです。まず望まぬ思考をキャンセルして、**今ある物事で心を満たそうとし始めた時から、何かが変わっていきます**。

実は、今あるものが当たり前になってしまい意識すらしていないのは「ない」のと変わらず、「これが欠けている」「これがない」と思うのと同じ意味になります。今あるものに目を向けて丁寧に「有難い」と思い始めることで、「欠けている」「ない」という思考が消えると、欲しいと感じていた「これ」が現れ始めます。

この時、自分の願望だけを願うといいと思われがちですが、その幸せを一緒に分かち合ったり、**誰かのために願うと早く実現し、自分にもやってくる**というのが、この法則の素晴らしいところです。

ですから、クライアントさんのお友達やスタッフさんが模様替えをお手伝いに来てくださる時は「あなたにも幸運が来ますよ」とお話しして、やはりその通りになります。「分かち愛の法則」というほうがニュアンスに近いので、実践しやすいかもしれませんね。模様替えはこれと同じ思いで、行います。

地球暮らしの醍醐味を得る方法

打ち合わせや相談をしている間ずっと、私は、宇宙の源と私たちの間で双方の影響を緩衝する目に見えない空間にクライアントさんの夢の世界を描き、記録し続けています。その結果、クライアントさんの望みが現実化します。そういうわけで、現実のお部屋は模様替えしなくても本当はいいのです。このしくみはまだほんの一部の人にしか知られていません。

内なる空間に創造すると結果が現れますが、それと一致した現実の空間を愛をこめてつくることで、その空間にいる誰もが愛に包まれて幸せな気持ちで過ごせます。その中にあなたもいるので幸せになれるというわけです。

悠久の時を光として過ごす私たちは、肉体を持って現実世界で体験する短い時間を楽しみにしてきました。ですから、心の空間に描いただけで結果が得られてしまうと、

「地球暮らし」の醍醐味に欠けます。描いた通りにつくった部屋で暮らすほうが臨場感があり現実的で、人生ゲームで遊んでいる自分の魂……プレーヤーにとっても喜ばしいことなのです。

見えない世界のルール

9

誰かのために願うと、人にも自分にもいいことがやってくる。

10 生きたまま生まれ変わった私!?

親しかった友人やお世話になったかたが、たて続けに急な病に倒れて、亡くなった年がありました。

尊敬するある先輩は、シンガポール旅行の予定を入れていたのにもかかわらず、飲み会から気分が悪いと帰宅し、そのまま帰らぬ人となりました。

私に会いたいとご主人を通し連絡をくれた親しかった友人は、病院でみるみる弱ってご主人の腕の中で亡くなりました。

アメリカ人男性と結婚3年目で幸せそうだったハワイ在住の友人は、死への恐怖にさいなまれながら、金銭的に豊かな生活をすることを目標に暮らしていたけれど、ご主人といる普通の毎日が幸せだったと気づいたと、私に伝えてからしばらくして亡くなりました。

「やりたいことや思い残すことがたくさんあっただろうに……人生とはいったいなん

なんだろう？　彼女たちは幸せを感じて、この世を去ったのだろうか？」

何か特別なことが起こっている！

私は、その年に訪れたハワイから帰国するＪＡＬ機の中で、想定外の体験をすることになりました。席に座った状態で、起きたまま臨死体験をし、生きたまま死に、また再生したのです。

国際線に乗ると、日本にまだ入ってきていない映画を見るのを楽しみにしているというかたは多いでしょう。私もその一人で、席に着くとすぐスヌーピーのアニメ映画を見始めました。しばらく見ていたのですが、休みたくなったので映画を止めて、続きは起きてから見ることにしました。

座席のシートにもたれてゆっくりしていると、体内に変化が起こり始めました。なんだか暑いのです。それより数日前、ハワイに来る時に乗った関空発の飛行機のエアコンが故障して修理に1〜2時間かかり、離陸が遅れるアクシデントがありましたので、「エアコンが壊れたのかも」と、手のひらを機内の空間にかざしてみましたが室温に異常はありません。次に「風邪をひいたのかも」と額に手を当ててみましたが、普通です。

この時点で、ソフトボールほどの大きさの球状の熱がお腹のあたりにある感覚があったので、「何か特別なことが起こっている」とわかり、抗わずに起こるがまま受け入れることにしました。

その熱のかたまりは、1箇所にしばらく滞在すると体内を少し移動し、また別の場所に留まり、体の内側全体を動いていきます。まるで、体の中の細胞を少しずつ別の細胞に変えていっているような感じです。

「今の私の姿が、透明だったり、ひょっとして銀色のジェル状に人からは見えていたらどうしよう……」とハリウッド映画で見た場面が浮かんで周りを見渡しましたが、人の視線に変わりはなく、安心しました。熱のかたまりは一通り体内の細胞を変容させると、いつの間にかなくなりました。

次々に映像が流れていく人生の走馬灯

その後すぐ、死後に見るという人生の走馬灯の映像が始まりました。他の人には見えていないようです。私は座席に座って目を見開いたままでしたが、今回もまた目を通して見ているのではなく、魂の源から発信された波長が体の内側から脳に直接届き、それを解析した映像が流れているようでした。その映像は、額あたりの高さに、頭の幅を超えて左右に広がり映し出されていました。これまでの人生に現れた主要登場人物と私の出会いから今日までの映像が、一人につき1本の解説ムービーのようにダイジェストでまとめられており、次々と流れていきました。

それは、無声無音のムービーでしたが、テレパシーのように直接、その時の場面のままの声や音が心に聞こえました。ほとんどは、年月が経ち忘れてしまっていた出来事でした。もちろん字幕もついていませんでしたが、この時なぜこう言ってこうしたかが透明の文字エネルギーで解説されるかのように、心の目で読むことができました。

あの世で仲間と人生のシナリオをつくっていた！

仲がよい人ももちろんですが、苦手な人、嫌いな人、嫌な出来事についての解説ムービーが次々と映し出されるにつれ、涙があふれて止まらなくなりました。機内なので声を出さないようにこらえましたが、そうでなければ号泣していたでしょう。悲しくてではありません。心の中にあったものの、せき止められていた温泉のように温かい愛や感謝のエネルギーが噴射したようで、ただただ感謝しかなかったのです。同時に、生まれる前のあの世で、人生シナリオの相談を仲間でしている場面を見ました。「この場面で嫌なヤツで登場して、こんな困った出来事を起こしてくれる？」と頼むと「いいよ！」「ＯＫ！」「了解！」と、相談相手はすべてを了解しています。私が頼んだから、嫌われるとわかっているのに、長くても１００年ほどの貴重極まりない地球滞在中に、わざわざその役を演じてくれていたのです。

止まらない涙と同時に、ハートの奥から温泉の源泉のように温かな感謝のエネルギーがとうとうと流れ出した時、**思考を介在しない真の感謝**というものを体験しました。これまでにしていた感謝は、頭で考えていたとその時わかったほどでした。そして、この思考が介在しない感謝が、人生シナリオを書き換える時の〝鍵〟になることが、帰国後にわかることとなるのです。

生きているような、死んでいるような

機内で、私の人生の主要登場人物全員のムービーを１本ずつすべて見終わってから

時計を見ると、現実世界では30分しか経っていませんでした。私は一瞬、飛行機が墜落して死んだのかと疑いました。そして、スヌーピーの映画を途中まで見ていたことを思い出してタッチパネルを触ると、何事もなく続きが再生され、生きているとわかりました。

それから、生きているような、死んだような、なんともいえない中途半端で妙な感覚になりました。本当に生きていると確信したのは、飛行機が関西空港に着陸してからでした。いや、実は、以前とは別の地球に着陸して、新しい人生が始まったのかも……。

その翌日、友人たちと淡路島に行く約束があったので、待ち合わせ場所で出会ってすぐ、この話をしました。すると、スピリチュアルな数人のメンターを持ち学びを深めている親友がこう言うのです。

「え！　その話、メンターに聞いてきたばかり。『これからは、人が生きたまま生まれ変わる時代になるのよ』って！　おひろさん、もうそれ体験したの？　昨日⁉」

それから3ヶ月ほど、生きているような、死んだような、なんともいえない中途半端で妙な感覚が続き、心が空っぽになったようで、ぼんやりと毎日を送ることになりました。その後間もなく、聖なる存在が現れて、「自由に描きなさい」と、真っ白な人生の設計図を手渡される体験をすることになります。
そう、飛行機の機内で起こったことは、私が「生きたまま生まれ変わるプロセス」の最初のステップだったのです。

見えない世界のルール

10

真の感謝が人生のシナリオを書き換える鍵。

11 誰の人生にも あの世で描いてきた設計図がある

ある日のこと。昼寝をしようと床に横たわるとすぐ、一人の男性が私の頭から左斜め45度あたりの床の上に立っていました。「不法侵入者？ いや、ドアの鍵はしめた、窓もしまっている。また何か始まったんだな」と、抗わずに起こることをそのまま受け入れようとしましたが、いつもと違うのは体が動かなかったことです。

目は動いたので、その男性を観察し始めました。そして、その男性が、誰もが知っている〝ある聖人〟であると気づいた瞬間、「パーーーーン!!」という激しい破裂音とともに、水泳プールへの飛び込みに失敗した時のハラ打ちを強烈にしたような、我慢の限界を超える激痛が、皮膚の内側から外側に弾けるように全身まんべんなく走りました。「あいたっ!!!」と叫ぶと体は動くようになり、聖人はいなくなっていました。

住んでいる学区を越える地域まで聞こえるような大爆音だったので、窓を開いて外を見ましたが、いつもと変わりない日常がそこにはありました。どうやらまた、大爆音を聞いたのは私だけだったようです。

見せてもらった私の設計図

　これまでに、この時の他に聖人と3度会いました。いつも、A3くらいの大きさで、良質で厚手の和紙のようなものを両手で持ち、横にいる私が覗き込めるように少しこちらへずらして見せてくれます。1度目は何が始まるのか想像できませんでしたが、見たとたんに「私の人生の設計図だ」ということがわかりました。

「人生にはブループリント※がある」（※青焼きコピー。建築設計図の大版コピーを指すことが多い）という話を聞いたり本で読んだりしたことがそれ以前にありましたが、「人生のブループリント」と名付けたのはタイタニックが就航した時代の人で、私と同じように見る体験をした人生の設計図の比喩を、当時すべて青焼きだった建築図面「ブループリント」に似ているとしたためでしょう。

　私が見せてもらった人生の設計図は、建築図面に似ていました。建築図面が天井伏図・平面図・配線図等々というふうに複層になっているように数枚が重なっており、それぞれのある一点と一点が相関関係を持って複雑につながっていました。

私が見たのはカラーで、記号のようなものがたくさん書き込まれたカラフルなものでした！　カラーコピーが当たり前になった時代だったからでしょう。今、カラーコピーから3Dコピーへと移り変わっていますから、そのうちに人生の設計図は3Dになり、リアルすぎてどちらがコピーか現実なのかわからない時代が間もなくやってくるだろうと、私は感じています。

「人生のテーマ」のゾーンと自由なゾーン

人生の設計図は、すべて自分が望んで描いてきたものであるとまずわかり、次に、2つのゾーンに大きく分かれているとわかりました。このテーマについて体験を集めようと決めてきた物事で、すぐには思うようにならないゾーン（テーマに設定したゾーン）。もう一つは、自由設計で思い通りになるゾーン（自由なゾーン）です。

聖人は、人生のテーマのゾーンの70％ほどの場所を指差してこう言って消えました。

「今ここ、うまくいってるよ」

彼がもし口で言葉を話したとしたら、音は耳で聞こえたとしても、言語の違いで私には理解できなかったでしょう。毎回、彼が発するテレパシーをキャッチして、心の内側から聞く感じです。

私が、苦手意識がある数字や、強く「嫌」と思う図面に関わる会社ばかりに繰り返し勤めることになったのは、それをすぐには思い通りにならないゾーンにある「人生のテーマ」に選んできたことだったからだとわかりました。苦手の反対の得意や、嫌の反対の好きでも同じように繰り返し現れることや、継続できることは「人生のテーマ」に選んできています。


2度目は、「今ここ、うまくいってるよ」と人生のテーマのゾーンの80%あたりを指差したあと、「応援しているよ」と言ってくれました。「こんな世界的な超有名聖人が私を応援してくれてるなんて、なんと光栄な!」と思いましたが、冷静に考えてみると、私は時には悪いことも考え、失敗もするごく普通の人間です。きっと、すべての人がこのように応援されているのだけれど、心が静かでない時は、彼らの声が聞こえないだけなのだろうと思いました。

また、昔の私のように、科学で解明されていることだけしかこの世に存在しないという信念を持っていると、夢でも見たのだろうと軽く流してそのまま忘れてしまうでしょう。

自分から聖人に会いにいく法

3度目は、こちらから会いにいきたいと思いました。聖人に会えるだけでも幸運なのに、「いつも向こうから突然やってくる。私が会いたいと思う時に会って、話をしたい」と考えるようになっていたのです。彼は目に見えない世界にいる存在なので、私がそこへ行けばいいというわけです。「求めよ、さらば与えられん」はここでも効果を発揮し、友人からの情報で2つの方法があることを知りました。

一つは、「アストラルトラベル」といって、日本で幽体離脱などと呼ばれるものに似た方法です。そこで、2日間でアストラルトラベルを安全に体験できるというコースを友人と一緒に受講することにしました。指導の通りにやってみると、頭と足は体から浮かぶのですが、「戻ってこられなかったらどうしよう」という恐怖を最後まで払拭することができず、お腹のあたりだけ離れられなくて、私はついに意識を持ったまま肉体を離れることができませんでした。

もう一つは「心の内部から行く」という方法です。外側の世界と内側の世界はメビウスの輪のようにつながっているので、どちらからでも同じ場所に行けるとわかっているつもりではいましたが、念のためアストラルトラベルを教えてくれた先生に尋ねてみると、やはり答えは「Sí（はい）」でした。

飛行機で走馬灯を見る体験をしてからさらに、目に見えない世界との交流は自然なことだと思えるようになっていました。お部屋づくりで本当はここを模様替えしているという空間が心の中にあるので、そこで会うことが可能ではないかとふと思い、試してみることにしました。

椅子に座って心を落ち着け、目は開いたままで深呼吸をしてから、心の内側にある空間に、ゆっくりと〝自分〟の意識を移動させていきました。すると……すでにあの聖人はそこで待っていたのです。この場所は、誰もが心の中に持っていて、それぞれが違うインテリアです。私の場合は、今のところ、塗り壁に窓とドア、奥の壁に腰くらいまでの高さの収納家具があり、木製のテーブルと椅子があるだけのシンプルな空間です。

「さあ、人生を自由に描きなさい」

彼は、テーブルの向こう側にいて、私が近づくとまた、例の設計図を私のほうへ出しました。覗き込むと、文字ではないエネルギーで右下に「修了」と記されているのが浮き上がって見えました。走馬灯を見た後の出来事だったので、「私は、やはり近々死ぬのか？」と思ったことが伝わったのか、彼はもう一枚、設計図を出してきました。覗き込むと、それはなんと白紙でした！　そして「自由に描きなさい」と言う彼の声を心で聞いた私は、「え？　今ここで描くの？　人間技ではないほど精密だった人生の設計図を人間の私が今描くのは無理だ！」と感じてしまいました。

しかし、それと同時に、私自身が「人生を自由に描きましょう」と本や講座でお伝えしていることを思い出し、「やってみよう」と描き始めました。

やはり、これまでに見せてもらったような巧妙な設計図を描くことはできませんでしたし、考えもよらぬ急なことだったので、「あったら最高」と思うけれど、普通に考えるとそれを成し遂げるのは困難であろうと思う物事を3つ書き記して、元いた世界に戻りました。

この時、私は「生きたまま生まれ変わるプロセス」の最終ステップを終えたと感じました。

驚いたのは、それから1～3年で、この時に描いた物事が現実になったことです。あの世で描いてきた人生の設計図を修了するのには50年かかったのに、2枚目にこの世で描いた人生の設計図はすぐ修了したのです。

見えない世界のルール

11

誰もが「人生のテーマ」を持って生まれてくる。

12

人生を美しく深く楽しいものにする極意

大自然、絵画や芸術、建築、物語や映画などに「美しい！」「素晴らしい！」と思わず感動することがあります。また、人が人をとっさに助ける姿には、思わず尊さを感じずにはいられないし、赤ちゃんの笑顔には、思わず愛があふれてきます。

「美しい」「素晴らしい」「尊い」「愛らしい」と〝思わず〟感じる時……そこには思考が介在せず、直感で感じています。**宇宙とつながる瞬間**です。

ミュージシャンの音程と音符が完璧か、テクニックがすごいかによって、その音楽に感動するわけではありませんよね。心が揺り動かされる歌との出会いは、理屈ではないと思います。

お部屋も、頭で考えて計算してつくるだけでは、整っていたとしても美しさを感じませんが、直感を使って感謝や愛の光を記憶したお部屋は、美しく感じます。

私たちは、光に戻ろうとしてもがき、魂の殻や汚れが一片はがれると、以前よりキラッと美しく輝きます。このように、魂の輝きが感じられるものは、直感的に美しいと感じます。**赤ちゃんは魂の輝きそのもの**なので、美しいですね。

人生の走馬灯を見る時、何を感じるか？

この世を去る（または、生きたまま生まれ変わる）時には、人生のダイジェスト映像が自動再生されて、それを見ることになります。その特徴は、自分が関わった相手の感情も一緒に体感するということです。

私たち一人ひとりは、バラバラのように見えますが、その源は一つです。生まれる前に自分自身に仕掛けてきたアクシデントに登場する悪役の源は自分の一部で、他人に対応しているように感じているすべての物事は、実は自分自身に対応しているのと同じです。傷つけた相手の心の痛みや苦悩などすべての感覚を、その時の相手と同じように一気にすべて感じます。大切にした人とのエピソードは幸せを感じます。

そこに善し悪しの審判はなく、ただ両方を体験します。戦争や略奪や社会的な取引、人間関係で人を騙（だま）したり傷つけた人は、走馬灯を見る時にどれほど耐え難い辛い体験をするのでしょうか。相手の感覚すべてを一気にリアルに感じますから、想像するだけでもぞっとします。

これからは、人には自分がして欲しいように対応することです。まず**自分と他人の両方を同じように大切にする**ことが大切です。

急いで短時間で過ぎ去った物事の経験は薄っぺらいですが、立ち止まって丁寧に行ったものや、長い時間取り組んだ経験には厚みや深みがあり、味わい深いものです。今ここにいるだけで幸せを感じるお部屋を模様替えでつくって、その空間に身を置き、大切にしていることや好きなことに丁寧にじっくり取り組めるといいですね。

また、懐が深いと人生も深まります。欧米と比較して日本人のよくない性質のようにいわれることもある、グレーゾーンで生きるということですが、私は懐が深いとか、ニュートラルということもできるのではないかと思っています。

白か黒だと選択肢は二つですが、限りなく白に近いグレーから黒に近いグレーまでの幅は限りなくあります。0か100かよりも、0.1〜99.9やマイナスまで加えられたら、無限大です。OKかNOのどちらか一つではなく、どっちでもいいやと思えたら、結果はオールOKになります。選択肢が増えると可能性は広がります。

固執した一つの結果を追いすぎず、来たことに対応すればいいというくらいの柔軟な気持ちでいることが、人生を深くします。
お部屋の模様替えをする時も、こうでなきゃ、でなく、他の100の可能性についても考えて、その中から適切で可能なものを選ぶようにします。

それから、人生の設計図には、テーマに設定したゾーンと、自由なゾーンがあったことを覚えてくださっていますか？（87ページ）テーマには人間関係・パートナーシップ・仕事・お金について選んでいることが多いようなので、それ以外のことは自由にうまくいきます。小さなことから大きなことまで、どんどん楽しみましょう！
振り返ってみると、いいことも悪いことも、波乱万丈も、地球での体験すべてが楽しかったと思える日が来ます。宇宙は退屈でしかたないのですから……。

見えないせ世界のルール

12

「美しい」「素晴らしい」「愛らしい」と感じる時、あなたは宇宙とつながっている。

13

人生のしくみは銀河の渦に似た〝らせん〟

何かの物事に集中して努力を続けたけれど、最初と同じ場所にいるように感じることが時折あります。

これは、人生のしくみがらせん階段のようになっているためで、1階から昇っていないように感じても、1周回って2階から同じ方角を見ていただけで、違いはちゃんと生まれています。らせん階段をそのまま登り続けていると、急に見晴らしがよくなって、高層階まで登ってきたことがわかります。

2015年に友人の誘いで「持続可能な社会モデル」として国連の受賞歴がある、イタリアのスピリチュアルコミュニティーを訪れました。

この地は、人間の神経にあたる地球のシンクロニックラインが4本重なる、特別に強力なパワースポットだそうです。そこに建てられた施設に宿泊した夜に、瑠璃色(るりいろ)に輝く月を見て驚きました。

昼間は、コミュニティーの中を案内してもらいました。広大な敷地には、森や聖なる場所があり、森には「木の歌声」を集めて、シンセサイザーにつなぎスピーカーを通して、聴けるようにした装置がありました。木は歌を歌っているのに、そのままでは人が聴くことができないためです。ご機嫌な時だけ歌うそうなのですが、幸運にも聴くことができたのは、単音が全音符でつながった心地よい歌声でした。

敷地のあちらこちらには、瞑想などに使う、渦巻き状に描かれたサークルがたくさんあり、空き時間にここを歩いてみることを勧められたので、その一つを選んで歩いてみることにしました。

芝生の上に石を並べたサークルを歩く

サークルは、草原の草を刈り込んで歩くようになっていたり、芝生や土の上に渦巻き状に石を続けて並べて描いた線と線の間を歩くようにしてあったり、形も円形だけでなくさまざまでした。

私が選んだサークルは芝生の上に石を並べてらせん状に線を描いたもので、時計回

イタリアのスピリチュアルコミュニティーで歩いたサークル

りで内側へ、反時計回りで外側へと歩く、直径10メートル以上あろうかという大きな円形でした。渦を描く線上に置かれた石は、3周ごとに違う色で塗られており、9周目で中心に到着できます。

現地の案内スタッフからは「この魂のお守りを持って、外側からゆっくり歩いてください。中央についたら深呼吸をして、瞑想をしてもいいです。気が済んだり、何かを感じたり、あるいは何もなくても、歩こうと思ったらまた外に向かって歩いてください」とだけ、説明を受けました。なんのために歩くのかについての解説などはありませんでした。

「こんなことしてなんになるんだろう」と、サークルを歩くという行為自体を馬鹿馬鹿しく思いながらも、外側から言われた通りに歩き始めました。次に出てきたのは「イタリアまで来て私はいったい何をやっているんだろう」という嘆きです。

けっこう大きな渦だったので、外周が長く、「まだここか」と思いながら、言われたことを守ってなるべくゆっくりと歩きました。

最初の3周の長くて退屈なことといったら……。途中でやめようかと思ったほどでした。

そのうち、せめて山の中にあるこの地ならではの景色や木々を見ながら、いい空気を吸おうと思い始めました。4周目くらいから、1周あたりの距離が少し短いと感じるようになると、「あとどれくらいで到着するのだろう」と、目的地の中央が気になり始めました。

「中央で深呼吸をしよう。瞑想はしてもしなくてもいいということならやめておこう。『気が済んだり、何かを感じたり、あるいは何もなくても』って、いったい何が起こるんだろう」

今歩いていることには思考が向かず、考えるのは中央のことばかりでした。

突然飛び込んできた答え

1時間近くかかったのではないでしょうか。中央にようやく到着すると、「もう歩かなくて済む」と、ホッとしました。中央に立つと、渦全体が見渡せました。せっかくなので、瞑想とまではいかなくても丁寧に深呼吸をゆっくり繰り返しました。いい気分です。

しばらくすると、さっきまでこの場所のことばかり考えていた目的地なのにもかかわらず、飽きてきて、退屈になってきました。待っている友人のことが気になり始め、外側にまた歩き始めようかなと思いました。その時、はっと気づいたのです。

「あ！！　私が宇宙だった！」

それは突然私の中に飛び込んできた答えでした。それまで「私たちは宇宙」「宇宙が願いを叶えてくれる」といった言葉を見聞きすることはあっても、「〝言葉のあや〟だろう」「最近、宇宙という単語が多用されてるな」と感じるくらいでしたが、私（たち）は、本当に宇宙でした。光の玉の情報と同じように、一瞬で答え全体すべてがポーンと自分の中に入ってきたのです。

宇宙だった私は、深呼吸だけの静かすぎる時間に飽きたのです。**「銀河の渦を外向きに歩いて、見てみたい。いろんな体験がしてみたい」**と思ったのです。

このサークルは銀河の渦に似た、人生のしくみそのものでした。私たちの源の存在である宇宙は、永遠の平和に退屈して、外の世界でのさまざまな体験をしたがっているのです。だから、体験に興味があり、私たちを応援してくれるので「宇宙が願いを叶えてくれる」となるのです。

見えないの世界のルール

13

私たちは地球でさまざまな体験をしたがっている。

14

〝らせん〟の外にいる人、内にいる人

このサークルはまさに、銀河の渦で、人生のらせんそのものでした。

らせんの外周を歩いている時の私はイライラして、「こんなことして何になるのか」と、歩くこと自体を馬鹿にしたり、「まだここか」と目的地が遠いことを嘆いたり、「もうやめようか」とさえ思い、周りは木々や森や空があるのにそれを味わえませんでした。目の前の道しか目に入らず、その時が永遠に続くかのように長く感じていました。

それはまるで、「科学で解明されていない目に見えないことはこの世にない」と決めつけていた時期の、私の人生でした。アクシデントに翻弄され始めるとイライラして、不運な自分を嘆いたり、他人を恨んだり、投げ出そうとしたりしたものです。辛い毎日をとても長く感じました。本来の自分である魂や宇宙の源と切り離されていました。この時期は、人間臭い生きざまだったと思います。

らせんの中ほどに達すると、中央が気になり始め、目的地しか見ていませんでした。目に見えないものに興味が湧き始めると、美しい地球に住み、人間として素晴らしい人生を与えられて今ここにいるのにもかかわらず、目に見えない世界のことばかりが気になってしまうことはよくあるものです。

楽しくも馬鹿馬鹿しい地球へ

ようやく中心に到着して全体の渦を見渡し、これは人生の縮図だとわかり、自分は宇宙だったことを思い出しました。そこが目的地だったにもかかわらず、しばらくすると飽きてしまい、退屈でしかたなくなり、外に向かって歩き出そうとしました。

私たちの源はみな、宇宙です。ところがあまりにも変化がない状況に飽きて退屈し、いろんな体験をしたいと外の世界に飛び出したのです。人生が終わった時もまた、この真理に触れ、これまで歩いてきた道全体を眺め、安らかな時間を得ることでしょう。ところがやはり、しばらくするとその状態に飽きて、また騒々しく悶々(もんもん)とした楽しくも馬鹿馬鹿しい外側の世界、地球に飛び出していきたくなるのです。

これからは、多くの人が人生のなかばで、この中央点に到達するでしょう。そしてこれまでは死後に記憶を消去して一から始めていた人生を、これからは**記憶を持ったまま生きたまま生まれ変わって始める**ことになるでしょう。

「私は宇宙だった！」

「これは銀河の渦、人生のしくみそのものだ！」

とわかった後で外向きに歩くのは、来た時と同じ道なのに全く違う、味わい深い道のりでした。山や森や空、イタリアのこの地にいること、新鮮な空気、歩いている一歩一歩そのものを楽しめたのです。

最後の3周は、外で待っている友人がきっと「おひろさん、何を体験して何を考えているんだろう」と思っているだろうなと、にっこり笑う余裕がありました。

数年後、宋の時代の中国の禅の入門書に「十牛図（じゅうぎゅうず）」という悟りの段階を示した図があって、私がこの時に気づいたことと同じ意味の内容が書かれていることを知り、驚きました。

道に迷いながら、宇宙の真理を探求して、中央に到達して悟りを得たら、また外に歩き始め、貢献して生涯を終える。時代や国に関係なく、人は、生きるとはどういうことか？　を追い求め、同じ答えを得るのですね。

らせんの中央から何が始まるのか？

さて、このらせんは一人ひとりの人生シナリオですから、私が代わりに歩くわけにはいきません。歩きながら、その体験に気づきを得ていただくのはあなたです。しかしながら、私にとってサークルの外周3周は、とても長い時間に思えました。らせんを中央まで歩き、気づきを得た後の戻り道で歩いた時の感覚は、行きとは全く違う味わいでした。帰りも、全く同じ場所に立ち、歩いているのに……。人生はまさにそうです。

人生の縮図であるらせん全体を見渡すことは、人生の設計図を俯瞰（ふかん）することにつながります。本章の後の項で出てくる「あの世で描いた設計図を、生きている私たちが知る方法」「キャラクター設定と舞台設定があっての物語」では、俯瞰できるやり方をお伝えします。

Chapter4では、らせんの中央で得る〝答え〟をお部屋空間を通して直感的に体得していただきやすくなる、具体的なノウハウをお伝えしたいと思います。そうすることで、今目の前にあるものがイライラから幸せに変わることを願っています。

中央に立った後に、今来たらせんを戻りながら静かに人生を味わう人たちが、世界を安定させます。でもこの時に、「生まれ変わり」を選ぶことも可能です。この場合、体験がない新しいらせんを歩くこととなります。これまでに身につけた基本的な能力や記憶を生かしたままで、全く違う人生が始まります。イタリアのスピリチュアルコミュニティーにも、さまざまな形や大きさの種類が違うらせんがたくさんありましたが、この中の一つから、他のらせんにジャンプ、ワープするといった感じです。

その場合は、宇宙のビッグデータが記録することを楽しみにする、新しい情報を提供する人となります。

2020年、新型コロナウイルス感染症の蔓延で世界がパニックに陥り、強制的に「大切なもの」や「人生」「当たり前のことが有難い」といったことについて考えざるを得ない状態になりました。

このパンデミックが起こる少し前は、「覚醒」とスピリチュアルな人たちがさかんに言っていた時期でした。その言葉がどのような意味で使われていたのかわかりませんが、「覚えていたはずの大切なことを思い出し、どっぷり浸かっていた現実から醒める」という見方をすれば、2020年は地球規模で「当たり前の毎日こそ有難かった日常」について深く考えることになり、生まれる前に描いた人生の設計図が変更可能になる〝感謝〟のエネルギーで一気に覚醒する機会を得て、悟りの領域に近づいたという見方も、時が過ぎて振り返ってみればできるのかもしれません。

見えない世界のルール

14

別のらせんに移動することは、生まれ変わりを選ぶこと。

15 光の玉になってあの世に還る

遅い時間に帰宅した夜、眠っている中学生だった息子の胸の上に、言葉にできないほど美しい瑠璃色に光る玉が浮いているのを見たことがあります。その瞬間「魂が浮いてる！」と感じました。

驚くかもしれませんが、私たちの魂は生まれつき誰もがみな美しく光り輝いているので、実は、成長することはありません。若干の個性はあるかもしれませんが、みなピカピカなのです。成長するのでなければ、何を目的に生まれてきているのでしょうか？　……それは、楽しむため、情報を集めるためです。では、あの人とは合わないといった人はどうして現れるのでしょうか？　それは、より多様な体験を集めるためです。言い方は悪いですが、私たちの人生は宇宙の退屈しのぎの「寸劇」とでもいうものなのです。

イタリアのスピリチュアルコミュニティーのらせんを歩いて「私は宇宙だった！」

と思い出した時に、宇宙の退屈感を実際に体感することができました。現実世界では「こんなの嫌だ！」と思って右往左往していたり、嘆き悲しむようなアクシデントでさえも、「悠久の退屈感」と比較すると、「楽しい」カテゴリーに分類されてしまいます。

汚れをまとい、それを磨いていくのが人生

注目すべきは、誰もが同じピカピカの魂のままでは、地球での体験が面白くならないという点です。このため、生まれる前に魂同士で相談をして、それぞれの役割を決め、その役割に適切な環境を選んで地球に誕生します。その後、役どころに沿った思い思いの汚れをどんどんつけ、殻をまとっていくのです。この汚れや殻は無意識に潜在的に存在し、個性となって、刺激を受けるとまた無意識に自動反応する設定となっていきます。そうすることで、役どころを話し合ったことを忘れているほうが楽しめるからです。

もともとピカピカの魂にわざわざ汚れや殻をまとい、それを脱いで磨いていくのが人生です。第二次世界大戦までは、多くの人が汚れや殻をまとったまま「お楽しみ期

間」を終えて亡くなり、人生の走馬灯を見てこの50年間を振り返っていましたが、肉体を離れた後は「ごめんなさい」や「ありがとう」を言うことも、大切な人を抱きしめることもできませんでした。

私が飛行機の中で体験した走馬灯は、自分の体験だけでなく、関わった相手の体験と感情を同時に見て感じました。例えば自分に嫌なことをした人や、自分が傷つけた人の体験も同時にしたのです。ですから、もし人に辛い思いをさせてばかりだったとしたら、この時に相手の辛い思いを次から次へと見て体験する羽目になりますから相当大変でしょう。ですが、そこには善悪の審判はなく、振り返って、自分以外の人の体験も含めたすべてを感じ取って体験し、ただただ感謝をする時間という感じでした。

走馬灯をすべて見終えると、あの世に戻るまで複層になっているそれぞれの次元で、一枚、次の次元でまた一枚と順々に身にまとっているエネルギー体を脱ぎ去っていくと聞きます。お花畑があったりするのはこの中のどこかの次元です。そして最後には、ピカピカの光の玉が集まる世界に戻ります。

息子が小学生だった頃のことです。突然、真夜中に私を起こして、「今から僕が言うことを、覚えていて。いつか天国に行ったら入り口を絶対に間違えないでね」と、ついさっき肉体から離れて見てきた、天国の入り口のことを真夜中なのに長い時間をかけて丁寧に話してくれたことがあります。そんなことはこの日が最初で最後、この時一度きりでした。

白い人たちが無言で一本の階段を登っていて、その日にお婆さんが亡くなった友達と自分たちもそこにいたので同じように黙って登っていくと、やがて天国のゲートがある場所に到着しました。そこには3つの道があり、もう一度この世に戻る橋、別の世界に続く雲にかかる橋、天国へのゲートへ続く道があったそうです。

天国の入り口につくと、顔があるとわかるけれど顔がない受付のお姉さんがいて、「あなたは幽体離脱してきただけだから、ここから先には行けませんよ」と教えてくれて、ふと手を見るとお姉さんたちは半透明なのに、自分の手だけが透き通っておらず、その瞬間にこちらに戻って目が覚めました。

ゲートを入って上に登ると、半透明ながら、この世界とそっくりの世界があり、天国に向かう人はそこで慣れてから、本当に透明の天国へ行く、と話しました。

幼い息子が見たのはあながち単なる夢ではないかもしれません。

小学生だった息子が見てきた天国は、白い体や透き通っていない体の幽体離脱で行くと魂の源にすぐには入れず、段階を経る必要があるようですね。これは死後に肉体を離れて光の領域へ昇るルートの体験をしています。でも、私たちが眠っている間に体を離れたピカピカの魂は、元いた世界に戻り、充電して、また肉体へ戻ってきます。そして、この時に宇宙のビッグデータに、今日の人生ゲームをアップデート保存しています。この充電ができないと、人はだんだん疲れていくことになります。

見えない世界のルール

15

魂は美しく誰もがみな輝いている。

16 私たちの寿命が伸びたことで……

私たちは期間限定の人生ゲームをしています。このゲームのタイムリミットである「寿命」は、例えば日本では、縄文時代から江戸・明治・大正・昭和のはじめまで、長い時間をかけて30代から50代までゆっくりと伸びましたが、第二次世界大戦後は急激に上昇を続けて80歳を超えました。昨今では腸内フローラの発見により本来の肉体の耐用年数いっぱいの130～140歳まで生きることができるようになるともいわれています。人生ゲームの設計が狂って、私たちの源にある存在も驚き、新しい対応を考えなければならなくなったことでしょう。

つい最近までは、ほとんどの人が、時間不足のために探求なかばだったり、修行や悟りを得る前に亡くなり、死後に走馬灯を見て人生を振り返ってから、魂の殻を取り去り、エネルギー体を順に脱ぎながら、ピカピカの光の玉になってあの世に戻るというのがセオリーでした。

ところが、急激に3倍、それ以上にも伸びた肉体寿命の変化によって、探求や修行をできる時間が伸びますから、悟りを得る人が増えます。悟りを得た先はこれまでのような葛藤や悩みや怒りが和らいでしまい、穏やかな余生が続きます。ビッグデータを収集している宇宙としては「長期変化なし」というデータだけがどんどん増えて、新しいデータが加わらないのでは面白くありません。

そこで、「人生の途中で、生きたまま生まれ変わる」という新プランを登場させ、事前に数名に体験をさせて、これからそれを体験する人が驚かないように紹介させるプロモーションを始めたようです。私はどうやらこの、先発体験者になったようですね。

時代は新局面！

宇宙の法則・引き寄せの法則といった、この世界のしくみが公開されて広がり始めたのも、以前と同じルールの努力型ゲームで、次の人生ゲームをしても面白くないためではないでしょうか。魔法のようになんでも現実になる世界を楽しんでもらい、そのデータを収集したいという、宇宙の考えによるものではないでしょうか。

これまで主流だった、「自分はダメだ」という、否定感に悩む古いパターンの人生データは、もう十分集まったと思います。自分には何かが「欠けている」と思うのは、宇宙と切り離されている肉のかたまりの思考です。「自己肯定感」という言葉が広がって、その大切さが言われるようになったことは、魂とつながって「私は◯◯がある、できる」という心で生きる、新時代到来の前兆ではないでしょうか。

根源である宇宙にはすべてがそろっています。新データの収集に貢献する、楽しいと感じることや、これまでやったことがない新しいことにチャレンジして、宇宙に応援してもらいましょう！

このように、多種多様なデータが集まることを好む宇宙の意向で、時代は全く新しい局面に突入しようとしています。「潜在意識ってよくわからない」「引き寄せって怪しい」「目に見えないものは信じない」などといっている場合ではありません！　サムライが刀を取り上げられてチョンマゲを切らねばならなかった、明治維新よりも大きな変化が訪れていることに気づいていただきたいと思います。

これまでの記憶を持ったまま、この肉体で生きたまま、生まれ変わる時代がやってきたのです。そして、2度目の人生は、これまでと全く違うルール……〝宇宙のルール〟を知り、活用するほうが楽しめます。そして、楽しめば楽しむほど、宇宙からサポートを受けられることとなり、現実がうまくいくことになります。

見えない世界のルール

16

楽しめば楽しむほど宇宙は応援してくれる。

17 なぜ掃除を大切だと思うのか？

ビジネスで成功する人は、瞑想を好む傾向があります。これは、なぜでしょうか？瞑想も、私が好んで使う心理療法の自律訓練法も、静かで深い呼吸によって肉体の活動をゆるやかにするため、眠っているのと似た状態になれます。このために**40分ほどで8時間眠るのと同じ回復力**があるといわれています。もしそうなら、自由に使える時間が増えていいですよね。

実際にこれを行ってみると、本当にスッキリした感覚になります。私はよく「タフだね」と言われますが、これが理由かもしれません。エネルギーにあふれた活動をすることができることが瞑想が好まれる一つの理由だと思います。

瞑想や自律訓練法は〝心の掃除法〟

瞑想や自律訓練法は、呼吸に意識を向けることから始めて、心の中を見つめます。まずは、恐れや嫉妬や怒りといったいらない感情を体の外に出していきます。つまり、心の掃除をします。そうすることで、これまで不要なものでいっぱいだった心に空きスペースができ、自分にとって必要な感情や価値観を新しく入れることが可能になります。

人生を楽しむために魂にわざわざ装着した汚れやまとった殻ではありますが、不要だと思えば、汚れを掃除してきれいに磨き、割った殻を脱ぎすてて片付ければ、輝きを増す新しい光を魂が吸収することができます。心の奥にある魂に装着した〝潜在意識〟は、なんらかの刺激を受けると勝手に反応しますので、ここが変わると、反応が変わり、感情が変わり、行動が変わり、得られる結果が変わっていきます。

また、心が静かになるほどに、**起こっている出来事と感情を切り離せる**ようになります。日々さまざまに起こる出来事やアクシデントに、いちいち恐れや怒りを抱いていては、冷静な処理や判断ができません。瞑想や自律訓練法を行うことで、心静かでいられるようになれば、起こる出来事に対しての最良の対応ができるようになるということです。

静かな心に〝問い〟を投げかけると、ヒントや答えを得やすくなります。この時、宇宙とつながっています。入眠前にも同じことができますが、これは、眠っている時に魂があの世に戻っているからです。起きている時も、源が送ってくれる答えやヒントを最初に受信するのは魂ですから、ザワザワしていたり汚れていたりするのと、静かで輝いているのとでは、メッセージをキャッチする能力が変わってきます。

悟りとは、魂が輝きを取り戻すこと

魂についた汚れを取り、殻を割って、魂がもともとの輝きに戻ることは、悟りを開くのと同じ意味です。つまり、それと相似関係にある掃除でも、悟りを開くことさえできるということです。料理人や僧侶の見習いが入門後しばらく掃除ばかりさせられるのはこれが理由です。

掃除嫌いであっても、これまでの時代がずっとそうだったように、日々起こる体験からの学びで、心の奥にある魂の光を増していくことができますから安心してください。また、ここでお話ししたように、瞑想や自律訓練で心を掃除することもできます。また、禅僧のように、生きるということなどについて、静かに細やかに深い思考をするのも、同じです。

見えない世界のルール

17

魂には、物心つく前に汚れや殻がつく。

魂の汚れや殻は、たいてい物心つくまでに知らず知らず自分で装着していますが、それ以降も繰り返し同じことを見聞きすると、知らない間に装着されます。例えば、テレビCMの歌やキャッチフレーズ、テレビドラマのストーリー、ニュース報道などです。イントロクイズのように、最初の一言をパッと言われただけで、次のフレーズがすぐ出てしまったり、いつもそのことを考えたり心配していたりしたら、それは新しく装備した汚れや殻です。

ですから、日頃から自分が望まないものではなく、望む物事を選んで見聞きするように心がけることをお勧めします。

18 あの世で描いた自分の設計図を知る方法

生まれる前、あなたは大いなる世界で自由に過ごしていたが……。
ここにはよいも悪いもない。ただ「ある」というだけだ。
素晴らしい世界なのだが、変化のない永遠の時間にだんだん飽きてきた。
これがずっと続くと思うと、退屈でしかたがない。

そんな時ふと目をやると、
競争・悪・不幸・怒り・悲しみがあるために善・幸せ・喜び・うれしさが浮きあがり、喜怒哀楽てんやわんやで大騒ぎをしている、面白そうな星「地球」を見つけた……。

「この面白いストーリーで、ドラマを思い切り楽しんできます！」
と他のみんなを真似て選んだストーリーのパターンをもとに詳細設計図をつくり、

地球にやってきた。

100％人生のシナリオ通り

この世界には、**「その源が愛の思いは、その通りに現実が現れる」**という法則があり、それは、りんごが落ちる万有引力のように正確です。そんなはずない！　と思うかもしれませんが、これはまぎれもない事実です。

もしも、願ったことが現実になっていないとしたら、それはあなたが必要最低限のことを行わなかったか、願いが一定時間の条件に達していないか、途中で不安になって失敗するのではないかと何度も強く想像してしまったか、実現するまでの時差の間にうっかりキャンセルしてしまったことに気づいていないか、利己的なわがままや贅沢だけを願ったか、が考えられます。

でも、生まれる前に自分で創造してきたシナリオは、宇宙で愛を持ってつくってきている上に、何を描いてきたかを覚えていないでしょうから、不安に思いようがありません。ですから、100％シナリオ通りになっています。すぐには信じ難い内容ですから、この本で書かれているような事柄に興味のない人は、このことを知らないまま人生を終えてあの世に還る前に、人生の走馬灯を見て初めてこのことを知ることになります。

「このことを、今この時に知るか」「一生知らないままでいるか」というのもまた自分がシナリオに描き入れてきたことなので、100％実現します。

人生シナリオ（設計図）は、大切なあなたの生きる意味や秘密そのものです。これまでは一生かけて「人生そのままで意味があった」といつかわかるものでした。死後に走馬灯を見て気づいていた場合も多かったでしょう。死んであの世に行ってから、新しいシナリオをまた自分で描き、記憶を消して生まれ変わってゼロから始めていたのです。

これからの時代は、あなたが望めば、自分でシナリオを終えて新しいシナリオに書き換えることができます。つまり、「生まれ変わる」のと同じこと。生きたまま生まれ変わることができる時代に突入したのです。しかしながら、生きる意味や秘密そのものですから、これまで走馬灯を見て気づいていたことと同じことにまず気づく必要があります。

これまでに起こったことを描いてみよう

このシナリオは、実は設計変更が可能です。そのやり方については、後のChapterで詳しくお話しします。

あなたが、生まれる前にどんな人生シナリオを描いてきたのかを知る方法は、実にシンプルです。簡単な「自分史」を書くのです。１００％その通りになっているので、これまでに起こったことを思い出して描いてみればわかります。それでは実際にやってみましょう。

「生まれる前に描いてきた人生の設計図、シナリオを見るワーク」

簡単な二つのやり方をご紹介しますので、簡単だと感じるほうからやってみてください。できたら、もう一度、違うほうのやり方でやってみるのも、さらに深まってよいです。

①歴史年表のように描いてみる方法

Ａ４の紙などに、

○○年　誕生
○○年　----
　　　　これこれしかじかで△△。
○○年　----
○○年　----
　　　　これこれしかじかで□□。

と、記入していきます。
歴史上の人物になったつもりで淡々と客観目線で自分の今日までの生涯を眺めて描くのがコツです。

②曲線で人生を表してみる方法
年月日と記載されているところに、今日の日付を描きます。
左端が生まれた日です。

年　　月　　日

生まれた日から今日までの人生を曲線で感じるまま描きます。
曲線の山と谷は、あなたの生涯に大きな喜怒哀楽を与えた出来事があったはず。
それを思い出して記入してみましょう。

Q1．あなたに繰り返し現れている出来事はなんですか？

Q2．あなたの現状に今ある問題と、それによって起こっている怒りや悲しみはなんですか？

Q3．あなたの現状に今あるよいことと、それによって感じている喜びや楽しみはなんですか？

Q4．あなたの人生シナリオにテーマがあるとしたら、それはなんだと感じましたか？

Q5．あなたはどんな時に喜び怒り悲しみ楽しさを感じますか？

喜

怒

悲

楽

見えない世界のルール

18

誰でも生まれる前に描いたシナリオ通りに生きる。

19 キャラクター設定と舞台設定があっての物語

私が見た、生まれる前のあの世で仲よしグループで輪になって行っていた「シナリオ会議」では、人生のシナリオの他に、キャラクター設定をしていました。

ディズニーアニメで有名な『眠れる森の美女』で、オーロラ姫は生まれてすぐ悪い魔女マレフィセントに呪いをかけられます。でも、もし、マレフィセントが悪役を買って出なければ、こんな話になります、「オーロラ姫は美しい歌声と、優しさと、類い稀な美しさを持って生まれ、優しい両親に育てられ、フィアンセのフィリップ王子と幸せに暮らしましたとさ」

これでは、盛り上がりも何もありません。このおとぎ話がもし実話だったなら、マレフィセントこそが、この物語の名女優で、最高のキャラクター、そしてシナリオの要です。オーロラ姫と赤い糸で結ばれた約束をしてきたのは、マレフィセントです。

さて、あなたの人生に現れる登場人物のキャラクター設定はどうなっているでしょうか？　シナリオと同じ要領で描き出し、調べてみましょう。

「キャラクター設定を見るワーク」

前項で描いた「生まれる前に描いてきた人生の設計図、シナリオ」の答えをぼんやりと客観視線で眺めてみます。

Ｑ６．あなたのシナリオの主要登場キャストは、どんなキャラクター設定ですか？

父

母

パートナー

子供

家族

友人

同僚

悪役

ここに登場する人物との関わりを、よいものにする強力な方法があります。後のChapterでお話しします。

Q7．主役のあなたはどんなキャラクター設定ですか？

名前

容姿

性別

性格

得意なこと

もう一つ大切なのは、「舞台設定」です。シナリオと対になってストーリーを紡ぎ出すものですから、もう一つのシナリオといってもよいものです。

今のあなたの舞台設定がどうなっているかを、調べてみましょう。

「舞台設定を見るワーク」

あなたが今いる環境を客観的に眺めてみます。

Q８．現状はどんな場面設定になっているでしょうか？　感じることを自由に描いてみましょう。

環境全体

住んでいる場所

会社

家

部屋

よく行く場所

この舞台設定を変えると、対になっているシナリオに知らず知らず影響を与え、紡ぎ出されるストーリーも変わることになります。

次の章で一緒にやっていきましょう。

「人生シナリオ変更の準備」

ここまでに、「人生シナリオ」「登場人物のキャラクター」「舞台設定」を見ていただきました。なぜ行ったのかというと、死後に人生の走馬灯を見る疑似体験ができ、これを見て「そうだったのか」と〝わかる〟だけで、シナリオ変更の一つのプロセスが終わるからです。

あなたの人生シナリオを客観的に見て、どう感じるかを描いて見てみましょう。

Q9．この人生シナリオのストーリーから主役は何を学び、何を得ますか？

Q10．この人生ゲームをスタートした「あなたの誕生日」はいつですか？

年　　　月　　　日

Q11．このストーリーは気に入っていましたか？

はい　　　その理由は？

いいえ　その理由は？

Q12．あなたはどのストーリーパターンを選んできたと思いますか？（複数可）

（A）穏やかに静かに流れるストーリー

（B）大逆転、大どんでん返しの奇想天外なストーリー

（C）アドベンチャー

Q13．そのストーリーの主なテーマは何ですか？（複数可）

（1）食欲・睡眠欲・性欲などの基本的欲求について

（2）安全に関わることについて

（3）何かのグループ（家族・会社・コミュニティー）について

（4）人に「ありがとう」と感謝されることについて

（5）自分を最高に輝かせて、今を生きることについて

（6）自分を超えて大きな力に導かれ委ねることについて

「生きたまま生まれ変わるプロセス1」

人生シナリオを変更するには、私がハワイから帰国する飛行機の中で経験したように、「シナリオを修了しました」のサインとして、噴射するほどの愛と感謝のエネルギーが必要で、それが鍵となります。

Q14．今の人生シナリオの主要登場人物の誰にどんなことを感謝するでしょうか？

Q15．今の人生シナリオのどんな物事や出来事に感謝するでしょうか？

「生きたまま生まれ変わるプロセス2」

今日までの人生シナリオを終え、新しいシナリオを自由に描けることになったとしたら、あなたはどんなシナリオを描くでしょうか。客観的に描いてみましょう。

Q16．ストーリーのパターン（複数可）

（A）　穏やかに静かに流れるストーリー

（B）大逆転、大どんでん返しの奇想天外なストーリー

（C）アドベンチャー

Q17．ストーリーのテーマ（複数可）

（1）食欲・睡眠欲・性欲などの基本的欲求について

（2）安全に関わることについて

（3）何かのグループ（家族・会社・コミュニティー）について

（4）人に「ありがとう」と感謝されることについて

（5）自分を最高に輝かせて、今を生きることについて

（6）自分を超えて大きな力に導かれ委ねることについて

Q18．キャストのキャラクター設定

父

母

パートナー

子供
家族
友人
同僚
悪役

Q19．主役のあなたは、どんなキャラクター設定にしますか？

名前
容姿
性別
性格
得意なこと

Q20．このストーリーから、主役は何を学び何を得ますか？

Q21. 前回の人生シナリオでやればよかったと後悔して、今回のシナリオで新たにチャレンジしたいことは何ですか？

Q22. どんな場面設定をするでしょうか？　感じることを自由に描いてみましょう。
環境全体
住んでいる場所
会社
家
部屋
よく行く場所

Q23. どんな部屋（会社・店）の舞台セットの中でどんなストーリーを展開しますか？

Q24. 新しい人生シナリオを描いた設計図を持ち、新しいストーリーをスタートする今日の日付を記念に記録しておきましょう。

あなたの2度目の誕生日

年　月　日

署名

見えないルールのルール

19

敵役もあの世で約束して生まれてくる。

Chapter

3

どんどん願いが叶う お部屋のつくり方

20

空間の通りに人は動く

Chapter3とChapter4では、エピソードを交えながら「お部屋の魔法」のノウハウをお伝えします。そして、各項の最後に一つだけ、やるといいことをお勧めしますので、あなたにしっくりくる内容が見つかったら、ぜひ実践してみてくださいね。

まず、理想的な動き方を考えよう

人には、空間の通りに動くという無意識の習性があります。この習性を活用して、日常の活動の場が〝ありたい自分〟の最高の舞台セットになるように意図して整えておくと、いつの間にか思う方向へ人生が進んでいることに気づきます。

まず、理想的な動きを事前に予測して空間をつくるようにします。

あなたは迷路で遊んだことがあるでしょうか。迷路に入ると「この壁さえなければ向こう側に抜けられて早く外に出られるのに」と思うことがあります。当然ですが、壁がないところしか通れないので、楽しみながらも行き止まりにイライラします。

この壁の位置や長さは、企画段階で「迷路に入った人をどのくらいの時間滞在させて遊ばせるか」を決め、人の動きを考えてからつくられています。このように、あなたの家や会社やお店でも、人の動きを先に考えてから、部屋づくりや模様替えをしてください。この当たり前と思えることをやっていないために、イライラしたり、大切なことに思うように注力できなくなっていることがけっこうあります。

このように、考えてみてください。

自由にらくがき、可視化のすすめ

①ありたい自分の理想の1日や、会社での理想の1日、お店の理想の1日を思い描きます。

・朝がどんなふうにスタートするか。
・どんなことにじっくり取り組んでいるか。
・その場所はどんな空間か。
・必要だけれども時短したい家事や雑務は、どんな快適さか、作業効率はどうか。

・何を誰と楽しんで大切にしているか。

②今いる部屋のことは忘れ、全く制限なしに、ありたい自分が1日を過ごしている空間を紙に自由にらくがきしてみます。

描くことを躊躇(ちゅうちょ)しないで、らくがきをしてみてください。自分の心にあることを外に出して可視化してみる時間はとても貴重です。例えばイメージした通りのりんごを描く間は、ずっとりんごに集中しますよね。1分以上他のことを考えずに軽やかに詳細にイメージをすることができたら、それが現実に現れ始めます。描くこと自体が現実化に直結するからです。

私たち、インテリアや建築に従事する者は、上手か下手かは関係なく、これをしないとクライアントの望みを現実にするいい仕事ができません。クライアントのイメージを目の前で描き、その通りのものを完成させて当然だと、あなたにもわかっていただけると思います(恥ずかしながら、実際には描かない人が多いのですが……)。

建築やインテリアは、設計士やデザイナーが〝無〟の状態から依頼主の要望を想像してスケッチや図面に現し、工事を行うことで現実の世界に創造していきます。誰も

「今〝無〟だから実現なんてできるはずない」とは思わず、「できる」と100%確信して物事にとりかかっています。これは、宇宙の法則そのままに近いプロセスですので、インテリアを変える模様替えは宇宙の法則をあなたにも実践して体験していただきやすいのです。

どうしてもらくがきは無理！　という場合は、ここでやめてしまわずに、インターネットで検索して、イメージに近い写真を見つけることから始めてみてください。検索している間ずっと他のことを考えずに軽やかに詳細に集中してイメージをすることができたら、同じ効果が期待できます。

ぼんやり見ている999万9964個の情報

③次に、普段は注意して見ておらず背景のようになっている壁面をあえて意識して、理想の空間のらくがきに描き加えてみましょう。

・壁に飾っている絵や書や芸術品など。
・窓から見える景色。
・全体的な家具の色調や何ふうといった趣味。

実は、壁の見た目や窓の景色から知らず知らず影響を受けて、心や行動が変わっています。1秒間に1千万個近い情報が常にあなたに降り注いでいますが、そのすべてを認知すると脳がパンクしてしまうために、脳はその中から約36個しか認識しないしくみになっています。ところが、この時にキャッチしなかったはずの、背景の999万9964個の情報こそが、無意識に気持ちや行動に影響を与えているので、どんな影響を無意識に受け取りたいかを事前にあえて意識して、キャッチしたい情報を象徴するような絵や写真などを壁に配置しておくことで、知らず知らずに、思う方向へと動いていけることになります。

つまり、空間通りに人が動くようにするためには、ありたい自分の最高の1日が充実するように、**大切なことがしやすくなる家具の配置**と、**ぼんやり何気なく見る部屋の背景を整える**ことが大切です。

「人の幸せを願う」とうまくいく

最後に、空間の通りに人が動く時になくてはならない、大切なポイントをお話ししましょう。

写真（画像）のすごい効果

資金集めの業績実験

背景に、女性ランナーがトップでゴールをしている写真を入れた場合と、写真を入れなかった場合の2パターンの資料をつくり、どちらかを渡す。前もって読むように指示した後、資金集めの仕事にどれだけの影響が出るかを調べた。

また、指示の際「最善を尽くしてください」にとどめたグループと具体的に1,200ドル集めてくださいと告げたグループがある。

トップでのゴールインの写真を用いたのは、それが高いパフォーマンスを示しているからである。

実験結果

大学資金集めの従業員の業績		意識的	
		「最善を尽くしてください」	「1,200ドル集めてください」（具体的で高い目標）
無意識	先行する刺激（写真）なし	$12.27	$17.20
無意識	先行する刺激（写真）つき	$16.69	$20.67

この実験からわかること

❶ 写真（画像）は効果大。
無意識（自覚なし）に
パフォーマンスが向上。

❷ 具体的な目標設定と組み合わせると
さらに効果的。

出典
Shantz, A. & Latham G. P.: “An exploratory field experiment of the effect of subconscious and conscious goals on employee performance”, Organizational Behavior and Human Decision Processes, 109 (2009) 9-17.

レストランの入居が決まったコンクリートむき出しのがらんどうの空間で、工事担当者数名が打ち合わせをすることになりました。誰かが、部屋の中央に段ボール箱を1個置くと、みんながそこに集まり、段ボール箱をテーブルにして図面を広げ、寸法を書き込み、会話が進んでいきます。新居に家具が届く前にも、これと同じことがよく起こります。誰かが「お茶でも飲みたいね」と言いだして、「まだテーブルがないから、これを代わりにしましょう」と台になるものを置くと、しばらくの間そこが団欒(だんらん)の中心になります。これは、自然なことだと思えますよね?

この例は無為自然……作為的ではないあるがままの行動……です。無為自然につくられると、その空間の通りに人は動きます。

お店などの計画は、家具などを置くことによって生まれる「動線」を意図的に描いてからつくります。レストランであれば、ゆったり滞在して欲しければ広く席を取り、短い滞在時間にしたい場合は狭く取ります。物販店では、商品をゆっくり見て欲しいところの動線はぐるぐる重ねて交差させ、キャッシャーに向かう動線はまっすぐに最短にします。このように、人の動きを作為的に計画してつくります。すると、空間の通りに人が動くはずですが、「人をうまく操作してやろう」と作為的な考えだけで計画すると、その結果、うまくいかないのです。

この時に「どうしたらお客様に幸せになってもらえるか」を考えることで魔法が働き、空間の通りに人が動き始めます。**「人の幸せを願う」というのが、実は宇宙とつながる魔法**なのです。

巨匠ル・コルビジェの建築が教えてくれること

2019年にフランスを訪れた際に、巨匠ル・コルビジェの建築を二つ見に行くことができました。ル・コルビジェは20世紀を代表する建築家の一人で、彼が提唱した近代都市(建築)の5原則を実現した「サヴォア邸」は大変有名です。

森の中に建つその姿も、室内から見る景色も、息を飲むほど美しく、まるで時が止まったかのようです。ところが、日本語の音声ガイドを聞いていると、当時なかった大きなガラス窓を実現するために新技術を実現した陰では、「サヴォアさんからのクレームの手紙」が絶えず、もめていたというではありませんか。

原因は、かなりの予算オーバーした上に、喘息を持つ子供がいるのにもかかわらず雨漏りがして湿っぽい家ができたことに対する怒りでした。この家は戦争で倉庫になったり、取り壊されそうになった末に、補修されて一般公開されるという運命をたどりました。

もう一つ訪れた、通称ロンシャンの礼拝堂は、神を光で表現した芸術品のようで、愛や悟りを感じる空間でした。敷地内にある修道院では、今もなお修道女が教会とともに活動し、暮らしていました。

ここから先は事実に基づいた、私の勝手な彼の心境の推測です。サヴォア邸が建った1931年頃、自身が提唱する「近代建築はこうあるべき」という考えが認められることを願っていたコルビジェは、依頼主の気持ちを十分に汲んで建築に取り入れることに心を配り切れませんでした。しかしながら、何度も届くクレームの手紙で申し訳なさを感じたことでしょう。

そして、近代建築についての考えが世界に認められた後に見学した、1200年頃に建てられた古い教会で、彼が考えていたことの根本がすでに実践されていたと感じ取り、大きな影響を受けます。

ロンシャンの教会が建った1955年までの約20年間に大きな心境の変化があり、

方法論や工法や効率だけでなく、そこで何が行われ、どう使われ、人々が何を感じるかを、十分に考えるようになります。

このように、晩年にコルビジェが自身の近代建築の5原則の提唱を突き抜けたのではないか、と二つの空間の違いを感じました。

同じ巨匠がつくった名建築でも、その時々にこめた思いによって、その空間が人に与える影響は変わります。

私利私欲で「どう人を動かすか？」と作為的に発想した計画と、人の幸せを願う愛が源にあって**「何を受け取ってもらえるか？　どうしたら幸せになってもらえるか？」**を意図した発想との間には、天と地ほどの差があり、奇跡のような出来事が起こるかどうかも、ここから生まれます。

生まれ変わる方法

1

自分だけでなく、一緒にいる家族・お客様の幸せな笑顔を思い浮かべる。

21

「心」の設定でなんでもできる

心の持ちようや物事の捉え方を透き通った見方に変えることは、とても大切なことです。そうすることで人間関係が変わり、人生が幸せに変わります。不都合なとらわれの色眼鏡をたくさんかけて物事を見ている場合は、それを一つずつ手放していく必要があります。

また、ありたい自分の暮らしや生き方を心に設定すると、それが自然と現れ始めて、人生が変わります。この心の設定をする時には、思い描く時間の長さや緻密さといった、全体の密度が大切です。

ありたい暮らしや生き方を心に設定する法

それでは早速、ちょっと時計を見て現在時間を確認してから、「こうなったら最高」と思うことを一つ、思い描いてみていただけますでしょうか？　それ以外に出てきた思考があれば、観察して覚えておいてください。

ワーク：「こうなったら最高」と思うことを一つ思い描いてみる
[現在時間　　時　　分　　秒]
[自分でいいと思うまで、心に思い描いてみてください]

それでは、あなたが思い描いた密度を調べてみましょう。

［現在時間　　時　　分　　秒］

(1)　何秒連続で思い浮かべることができましたか？

［　　　　　　　　　　　　　　　　　　　　　　］

(2)　途中で考えがふと浮かんだ別のことはなんでしたか？

［　　　　　　　　　　　　　　　　　　　　　　］

(3)　想像しているだけなのに途中で「やっぱりできない」「無理」といったような思考がよぎったとしたら、それはなんでしたか？

［　　　　　　　　　　　　　　　　　　　　　　］

(4)　どのくらい詳細まで思い浮かべることができましたか？

［　　　　　　　　　　　　　　　　　　　　　　］

例えば住みたい部屋なら、引き出しの中にあるものや壁と天井や床の接合部分、コンセントの位置といった部分に至るまで、現実と同じくらい詳細に1分以上そのことだけをいい気分で連続して思い描き続けることができたら、現実に現れ始めます。

こうして希望した部屋に入居できた

私がマンションに入居する前のエピソードをご紹介しましょう。10人待ちという人気賃貸物件ということでしたが申し込み、持ち帰ったパンフレットに3種類あった間取りから一つを選んで、家具の配置を小学生だった息子と相談しながら平面図に描き入れました。

すると、後日「いかがですか？」と空きが出た連絡をもらったのですが、その時は、連絡があった日に留守にしており、翌年に再び電話を受けた時は小学校の転校を避けて断念。そして3年目はまさに引っ越したいタイミングでしたから、今回こそと、マンションの前まで来て、実際に引っ越して来たと仮定して、マンションに帰宅した時の気分になってみました。

すると、その後3回目の電話があり、過去の2回はそれぞれ希望していたのとは別の間取りだったのに、希望していた部屋に当たったのでした。

また、お世話をしている神社が台風で大被害を受け倒壊の危機に瀕した時には、どうしていいのかしばらくの間は途方にくれていましたが、心の創造が現実になるという基本に忠実に、眠る前に美しく朱色に塗られてピカピカになった神社を思い浮かべて眠りました。すると3日目に、京都府の担当者が「厳しい決まりがある補助金ですが、申し込んでみてはどうですか。江戸時代につくられた本殿なら出る可能性があります」と教えてくれたことがきっかけとなり、結果的に補修ができて、ピカピカになりました。

潜在意識を書き換えるシンプルな方法――自律訓練法

このように、空間の秘密を使わずに心だけでも、**軽やかに詳細まで思い描くと現実になります**。今では自然に抵抗なくできるようになった私ですが、初めて試してみた頃は1秒思い浮かべると他のことが頭に出てきて、想像しているだけなのに途中で自分にはできないとか無理などと否定してしまいがちでした。

無意識にふと出てしまう心の癖や思い込みを洗い流し、その代わりに新しく必要な思いを刻み込むことができたのは、潜在意識を書き換える論理的でシンプルな方法のおかげです。禅の高僧が空(くう)の状態に入る時に、体がどの順番でどのような変化をしていくかを科学的に電気信号として調べたものをもとにつくられた「自律訓練」という心理療法をもとに、ゆったりした音声で自作したものを愛用しています。繰り返し聞くことで、思い描いている時に心に不要な思いがだんだん出てこなくなります。

私はもともと、悪いほうに物事を考えて、つい失敗するんじゃないかと思ってしまう性質だったので、けっこう長い期間、音声を繰り返し聞いて潜在意識を書き換えました。

イメージ力に確信が持てた〝火渡り〟体験

幸運だったのは、その途中で潜在意識のパワーに驚く衝撃的な体験をしたことで、一気にゆるぎない確信を持てたことです。

ある時、〝心頭を滅却すれば火もまた涼し〟ということわざ通り〝火渡り〟をする海外のセミナーに招待してもらう機会に恵まれました。

「火のついた炭の上を直接素足で歩くなんて、どんな魔法を使うのだろう!? 想像できない」

セミナーでは楽しそうに振舞っていましたが、心の中はやけどするんじゃないか、そんなこと本当にできるのか、不安でいっぱいです。なぜなら、火は熱いから気をつけるように、やけどをするから触れないようにと、ずっと教えられてきたし、実際に火は熱いと感じます。

それに加えて、セミナーで教わる火渡りをするための魔法が意外にも、自己暗示を繰り返し、声に出して、聞いて、火に対してこれまでと違うイメージをするという、私が行ってきたのと同じシンプルなものだけだったからです。

当時はすでに潜在意識の働きについて学んでいましたから、頭では〝できるはず〟と思っていましたが、やはり焼けた炭火の上を「さあ、裸足で歩いて」と言われたら戸惑います。

(本当に魔法はこれだけ?)
(火が熱くないなんてあり得る?)
(バーベキューの炭火って確か200度近かったっけ……無理!)
(でも潜在意識を書き換えたらなんでも可能なはず……)

私の頭と心は、〝迷い〟と〝できるはず〟の間を行ったり来たり。でも、「潜在意識は書き換えることができ、それによって結果が変わる」とお伝えするに足りる、ゆるぎない確信を得たくて海外まで来たのです。

赤く焼けた炭火の上を歩く道のスタート地点直前で、「迷い」を「できる」という信念に置き換えて歩く決意をしました。その結果、真っ赤に火がついた炭を敷き詰めた5mほどの火の道を、本当に歩くことができました。やけどもしません。熱くも感じませんでした（※注意　専門家から適切な指導を受け安全な管理下で行った時のみ得られる効果です）。私だけではありません。その夜、参加者の99・9％、3000人が歩いたのです！　私はこの時、

「潜在意識の設定を変えれば、なんでもできる！」

と確信し、それまでの信念を、きれいさっぱり一気に総入れ替えすることができました。

この時に得た、もう一つの大きな気づきは、先に経験者が当たり前のようにスイスイと歩いて見せてくれたので、スタート地点の直前で、

「炭火が熱くないのが普通⁉　熱く感じるほうが例外⁉」

という感覚になれたことが、歩く決意につながったということです。

揺れ動く「心」にくらべて「空間の設定」は安定的

後になって気がついたのですが、「重いから専門業者でないと動かせない」と多くの人が思っているピアノを3度移動したことがあります。1度目は大工さんと、2度目は友人と、3度目は一人で動かしました。私は、小学生の頃、家に畳替えに来た畳職人さんが一人で、しかも一瞬でシュッとピアノを動かしたのを見たために「ピアノは動かせて当たり前」だとずっと思い込んでいたのです。動かす回数が増すたびに、確信が大きくなり、軽く感じていきます。

このように、**人生は思い込みでつくられています**。ご紹介した例のように、心の〝設定〟を変えることで、あなたの人生は自由に変わります。「安心」と設定すると、アクシデントが起こった時にも、静かないい気分にすぐ戻ることができるといった具合に。

つまり、心の設定次第で、楽しく働き、笑って、幸せに暮らすことができるようになるのですが、心というのは揺れ動くもの。アクシデントがあると自動修復機能が働き、一時的に前の設定に戻ってしまうことがあります。宇宙法則があると知って実践し始めても、やっぱり無理と思ってしまうと振り出しに戻って、ゼロからまた心に描き始めることになります。

でも決してあきらめないで繰り返し続けてみてください。繰り返すことで、心の設定が変わり、やがて人生が変わります。

家や会社や店を思い通りに新築すればいい気分になり日々も変わります。心とは逆に、お部屋空間は目に見えますが、それだけで必ずしも幸せな豊かさに恵まれるとは限りません。豪華な見た目か質素な見た目かにかかわらず、荒れ果ててくたびれやすい部屋もあれば、手が行き届いており心や行動がよいほうに向く部屋もあります。このように、部屋の見た目だけではなく、空間全体でつくられる場のエネルギーからも私たちは影響を受けています。

心の設定変更とくらべると、空間の設定は、プロセスに従って行えば安定していつもそこに存在して、自動的にその空間からの影響を繰り返し与えてくれます。

もし、心の内側の創造を鏡に写して見るのと同じくらい可視化した部屋ができたら、その空間は心の創造通りに人生を変えてくれるでしょう。しかしながら、実際には、心の内側の設定と、お部屋空間の設定にギャップがあって、この差を縮めようと努力しているのが日常生活ではないでしょうか。

生まれ変わる方法

2

あなたが意図せず心に設定してしまっている思い癖や思い込みを一つ発見してみましょう。

22

心より空間設定のほうがカンタン

心の設定をしようとすると、心の内側に創造した物事に密度がついて現実に現れますから、実現するためには、途中で揺れ動く思いを消すようにして、「大丈夫、うまくいく」と繰り返し言い聞かせ、心を強くしていく必要がありました。

先に空間設定をすることで、心の内側に創造した物事と一致した配置や、見た目や、エネルギーを持った部屋で実際に暮らし、仕事をすることができます。何もしなくても自動的に繰り返しあなたに影響を与え続けてくれる空間設定は、ありたい自分の理想の日常が最速で現実になる、世界最強の方法といえるでしょう。10年後にそうなればいいなと思っていたありたい自分が、整えた日から実現して、幸せに暮らすことができます。

現実化のスピードが最近やけに速い!?

人生の設計図が３Ｄとなる次世代の到来は思いのほか早そうです。心の中の創造と現実との区別がなくなって一つになるのは、ひょっとしてすぐかもしれません。

今のまま、次世代に突入すると、さあ大変です。すぐに現実化するので、望まぬことも思いもよらず起こり始めて大慌てすることになるでしょう。

しかしながら、それを思い描いたのは自分の心ですから、心を変えようと努力することになるわけですが、心の設定を安定させるのは大変です。繰り返し繰り返しではなく、一気に設定を変えてしまう習慣を今のうちに身につけておきましょう。実際に、少しずつ世界は次世代へ移行しているように思います。思い描いたことが現実になるスピードが最近やけに速いねと、私だけでなくそう感じている知人友人は少なくありません。それはまるで魔法が使える世界に変化しているかのようです。

空間設定の強大な力を借りて、心と空間と言動をすべて裏表なく一致させるよう心がけ、次世代到来に備えておきましょう。……とはいっても、そんなことすぐには信じ難いでしょうから、科学で解明されているデータを一つお見せしましょう。

実は、イメージトレーニングだけで実際のトレーニングの８割以上筋肉がつくこと

イメージトレーニングだけでも筋肉はつく

股関節屈筋の実験

【A グループ】

実際のトレーニング
15 分 × 2 週間 ⇒ 28%アップ

【B グループ】

イメージトレーニングのみ
15 分 × 2 週間 ⇒ 24%アップ

【C グループ】

何もしない ⇒ 変化なし

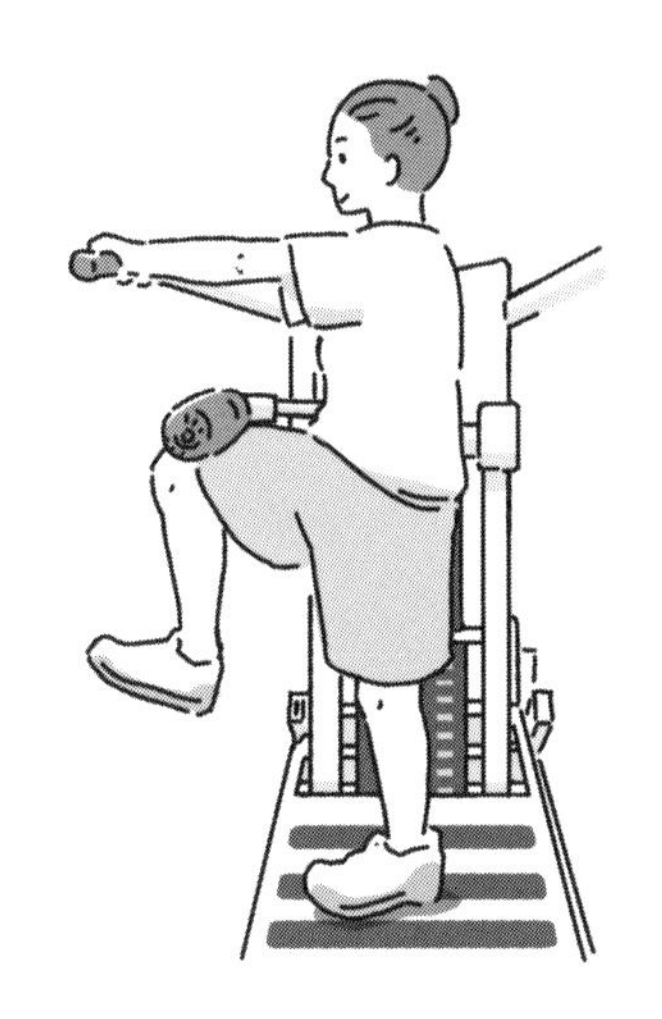

この実験からわかること

脳は実際に起こっていることと、イメージしていることが区別できない！

脳が勘違いをして、イメージした方向へ動き出す。

筋肉量アップ！

出典
Shackell, E. M., & Standing, L. G.: "Mind over matter: Mental training increases physical strength", North American Journal of Personality and Social Psychology, 9, No. 1 (2007) 189-200.

をご存じですか？

　スポーツ心理学は、オリンピックをはじめとする世界的な競技の選手育成などに現場で好んで活用されているようです。ここに挙げた以外にも同様の実験が多く行われていますから、ご興味あれば調べてみてください。

こうして13キロの減量に成功！

　私の面白い実体験をご紹介します。２０１８年の初春に、体を絞るために「イメージすれば実現する」を実践してみようとしました。イメージが得意か不得意かには個人差がありますが、私はイメージが得意です。ところが、私は運動が好きでなく経験もなかったために、全く筋トレのイメージができず、体重は減りませんでした。

　そこで、パーソナルトレーニングを月に2～3回、３ヶ月間受けて、筋トレ体験をしました。１日指導を受けたら、次に指導を受けるまで筋トレの宿題があります。この時に、真面目に毎日宿題をやっていたら続かなかったと思うのですが、イメージトレーニングで８割以上筋肉がつくこのデータのことを知っていたので、途中で中断してしまった腹筋の残りをイメージトレーニングしたり、トレーニングの時間が取れな

体重はおもしろいほど減っていった

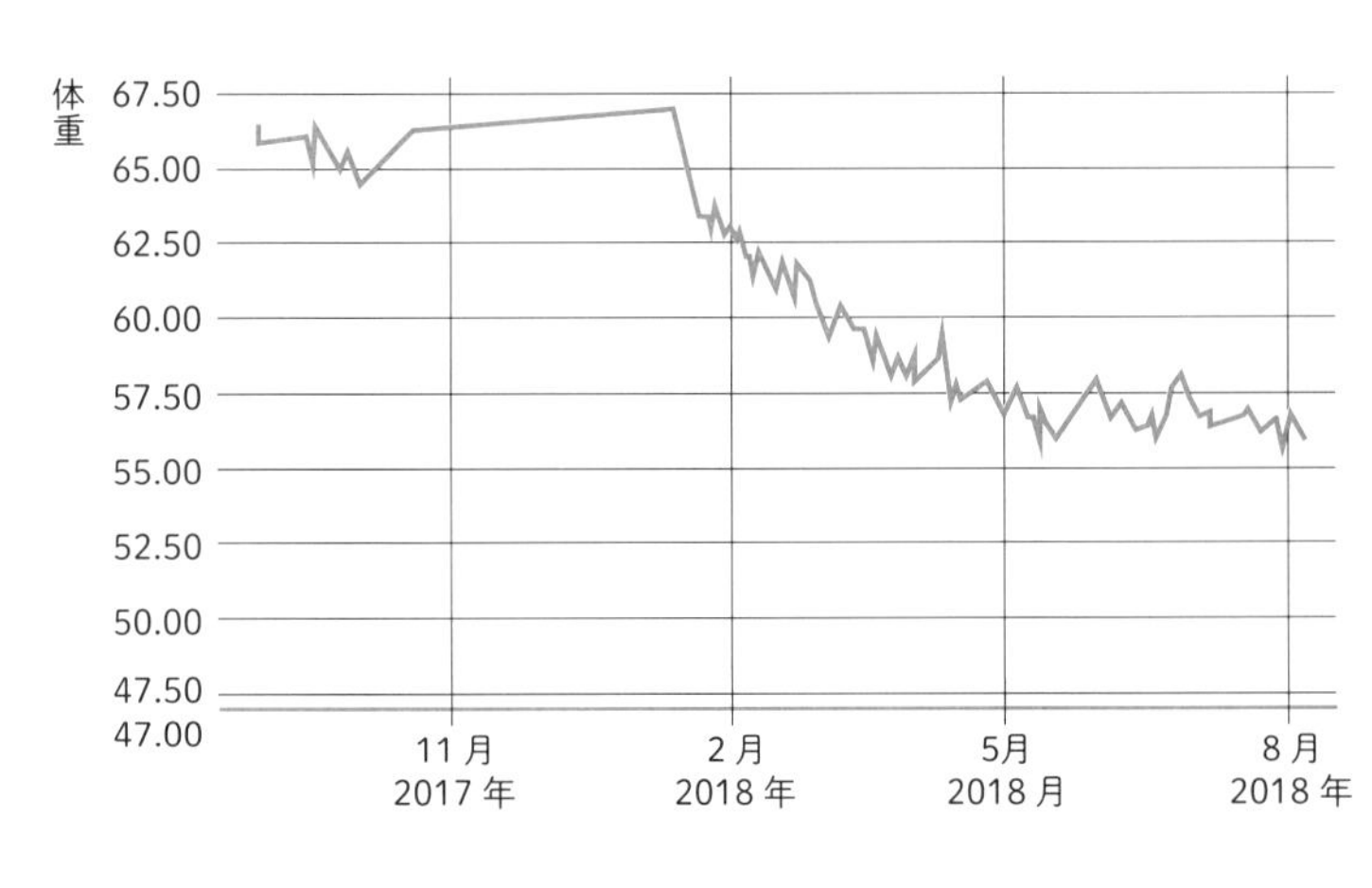

い日に電車でスクワットのイメージトレーニングをしたり工夫することで、13キロの減量に成功しました。

心の中のイメージをお部屋空間に設定して現実化するのが私の仕事ですが、得意ではない運動で実体験したことは実に新鮮でした。

現実の筋トレとイメージトレーニングのどちらか一方だけでなく、その内容を一致させて組み合わせることで面白いように体が絞れたこと、決められた通りにトレーニングができなくてもサボっている感じがせず、途切れ途切れでも罪悪感や苦手意識なしに続けられたこと。心の中にあるイメージと現実をぴったり一致させ得て組み合わせた時の強力さを、改めて確認することができました。

物が持つ意識が届けるメッセージ

空間の設定は、心の設定を簡単にしてくれます。心に思い描いたこととお部屋を一致させておくことで、すでに現実化したかのような気持ちで過ごせ、心の創造の密度が一気に高まり、現実に現れます。

また、潜在的な共通意識は、人と人との間に集合無意識があるだけではなく、同じ分子原子でできているすべてのものにありますから、お部屋を構成している建材や設備機器や家具とも意識を共有することができます。つまり、心に思い描いたイメージを持ちながらいい気分でお部屋に手を入れると、それを記憶してくれます。このために、心に思い描いたイメージが記憶されたお部屋空間に戻ると、努力なしで自動的に一瞬で心のイメージに戻ることができるのです。

心理学の実験に、このようなものがあります。一人に愛用品を数点持参してもらい、それを参加者が一つずつ持って眠り、夢を見たら起きてその内容を記録しておきます。翌朝、その内容を参加者たちが愛用品の持ち主に話すと、愛用品の持ち主にその時に必要な情報ばかりなのです。

これを実際の療法に使っているコンサルタントの講座の場に同席させてもらったことがあります。その時は眠るのではなく、起きて椅子に座った状態でメッセージを受け取るまでじっと待つというものでしたが、初チャレンジのメンバー全員が、本当にメッセージを受け取って必要なメッセージを相手に届けているところを見ましたし、私も行うことができました。

また、以前私は、講座が始まる前に3名に預かった持ち物の意識を読む余興をしていたことがありました。私の足が痛くなったのは、会場に来る新幹線に慌てて乗ろうとしてホームにはさまったという人の持ち物、肩が痛くなったのは慣れないPC作業を集中して最近やっているという人の持ち物でした。病院が見えたのは、入院されているお母様のために病室で使っておられるというリップスティックのような形の噴霧器でした。

物には声帯や筋肉がないので、話したり動いたりできないため、耳から聞こえる音で話しかけてきたり、目で見える動きでリアクションしたりしませんが、直感や体感でメッセージが届きます。

生まれ変わる方法

3

家空間全体に「ただいま!」と呼びかけて帰宅しよう。

「ただいま」はお部屋に呼びかける魔法の言葉

日本では、家に帰ると「ただいま」と言いますが、これは「ただ、今にいられる場所!」と自分に宣言して、空間に呼びかける魔法の言葉です。ですから、一人暮らしであっても、家族が留守でも、帰宅した時は必ず「ただいま」外出する時は「行ってきます」と言うようにすると、自分とお部屋を起動・休止させるスイッチの役割をしてくれます。

部屋は、いったん設定すると勝手に変わることなく、心が揺れていようといまいと、心に思い描いたイメージを映し出し、すでに実現したかのような気持ちに自動的に繰り返し戻してくれます。

23

「模様替え」と「片付け」の効果はどう違うのか？

模様替え途中の片付けと掃除も含めて「模様替え」とひとくくりにいいますが、模様替え、片付け、掃除はそれぞれ特徴的な違う働きと効果を持っています。ここでは模様替えと片付けの違いをお話ししましょう。

戦国武将が入城したら座布団をすぐに換えたワケ

日本では、家具の配置換えといわず模様替えという言葉を使います。不思議だと思ったことはありませんか？　これは、戦国武将が攻め落とした城に入城する際に、座布団や茶碗を換えて「家紋の紋様（模様）が変わった」ことを城自体や家臣に見せて、主人が代わったことを意識させたことに由来しているともいわれます。家紋が変わったのを見れば、「城主が代わり、新しい主人に仕えることになった」と、何もいわなくても伝わります。

空間には記憶力があり、主人を認識します。慣れ親しんだ物が取り去られて、これまでになかった全く違うエネルギーの座布団や茶碗が取って代わることで「主人が代わった」ことを認識し、記憶します。

何か一つ家具を移動したり替えたりするだけで、その空間の模様が変わり、空間と、それを見る人の意識が変わるのが模様替えです。これは、電子回路基盤の回路や部品が変わるとAIやゲームの中枢の頭脳が変わり、作動が変わるのと同じイメージです。お部屋の回路や部品が変わることで空間の意識が変化し、その作用が変わります。

例えば、〝ありたい自分a〟の部屋に模様替えをすると、ありたい自分aの空間意識になり、あなたに作用してそうなっていきます。〝ありたい自分b〟に模様替えすると、今度はbになっていきます。大きく変えてみたり、1箇所だけ変えてみたり、模様替えを楽しむうちに、だんだん〝あるがままの自分〟につながる、なんともいえずしっくりくる部屋になっていきます。

模様替えの役割は、心に思い描いた創造と実際の空間を一致させることです。そこで過ごすことで、心の創造の密度を保ち、実現を速めてくれます。

人生シナリオに沿った舞台セットにすると、臨場感が増して日々が充実し、テーマの難易度が下がります。

あなたにとってどの過去が必要ですか？

次に、片付けの特徴についてお話ししましょう。「少ない愛用品だけを持ったシンプルな暮らしに変わりたいから、片付けたい」と思う人は多いのではないでしょうか？　片付けに興味を持つ約8割の人が、片付けたいと思いながら、実現できないことを悩んでいます（2013年、マキノ出版調べ）。

「片付け」とは、その言葉の意味通り、過去に片をつけること。多くの物を持っているのは、自分や生きる目的を発見する前の特徴ともいえます。自分や生きる目的を探している途中なので、どの過去の記憶が必要なのかを、その中から選び取ることを難しく感じます。そして、自分や生きる目的が見つかると、または〝あるがままの自分〟でいられるようになると、急に片付けが進みます。

このような理由から、自分探しをしている時期には、片付けに苦手意識を持ってしまうことが多くなりがちですが、特に急いで何かを決める必要はありません。人が生きている限り、持ち物は増えますから、生きている証拠といってもいいと思います。

本当にすべての持ち物が片付くのは、死んだ時です。「片付かない」と嘆くのは今日からやめましょう。「生きてるんだもの！」くらいの気持ちでいてください。タイミングが来たら、片付ければいいのです。

持ち物はすべて、これまでに手に入れたものや頂いたもの、受け継いだもので、過去の記憶とリンクしています。整理することで、物にまつわる過去の記憶をきちんと処理して決着をつけられるのが片付けです。

片付けると頭がスッキリするメカニズム

「片付け」の素晴らしい点は、頭もスッキリするということです。持っていることさえ忘れていたような、完全な不要物であっても、ひと目見た瞬間にそれにまつわる一連の出来事の映像が浮かんできて、思い出します。この映像の一つひとつが保存されており、記憶のメモリーを使っていますから、思い切った片付けができると、メモリーの空き容量がぐっと増えて、思考回路がサクサク動くようになり、頭スッキリ！爽快！　となります。データ容量いっぱいで動きが悪くなったPC内の整理をすると、またサクサク動くようになるのと同じで、思考の働きがよくなることで、行動もスムーズになり、幸運につながります。

「いらない」ではなく「ありがとう」

いちばん素晴らしいのは、片付けている時に「ありがとうポイント」をたくさん貯められることです。

「持ち物を整理する時の重要ポイントは、『不要なもの』と考えて処分しないことです。「こんなにいいものをたくさん持っていた」ということに改めて気づいて「感謝」し、必要な人があればお譲りするか、リサイクルに回すようにしてください。それが無理な場合は、感謝の気持ちを持って処分することです。この気持ちを持つことが、夢が叶いやすい体質になるために必ず必要です」と、『お金を呼び込む部屋づくり』（PHP研究所）に書きました。

感謝のエネルギーは、心で思い描いたことの実現化に不可欠な作動点です。感謝が、人生シナリオの設計変更の鍵であることについては、Chapter2でお話ししました。実は、この作動点や鍵は、感謝のエネルギーが一定量に達した時に初めて動きます。片付けでは、数え切れないほどある持ち物一つひとつに「ありがとう」と言うことができますから、「ありがとうポイント」がたくさん貯まって、感謝のエネルギーが増量するため、とてもお得なのです！

物に対して「ありがとう」と言うことは、その物にまつわる出来事一つひとつに感謝することになります。心から「ありがとう」と物を通して過去の出来事に感謝することができれば、そこで、リンクしている過去の出来事が消えていきます。

人生シナリオのテーマのロック解除や変更、修了には、一定の感謝のエネルギー量が必要なのですが、片付けの「ありがとう」も、このエネルギーの一部として貯めておくことができるのです。

片付けでは、〝ありたい自分〟が使うものと、大切に持ち続けたい思い出の品物だけをピックアップして、残りを「いらない」とは考えず「ありがとう」という感謝の気持ちで手放していきましょう。

生まれ変わる方法

4

片付けで「ありがとう」エネルギーを貯める。

24 「ありがとう」で光のフォトンがあなたに流れ込む

心臓は命の源ですが、なぜ動くのかまだわかっていないそうです。心臓は体のやや左寄りにありますが、ちょうど胸の中心あたりに洞結節という部分があります。弱い電気で動くしくみの心臓は、どこからともなく1分間に60〜80回、洞結節に生じる電気がきっかけで、収縮しているそうです。心臓の発電所ともいえる、この洞結節に生じる電気の源はいったいどこから届くのでしょうか？　Chapter1で、「いったい、目からの情報を解析して映像を見ているのは誰？　何者？」という話をしましたが、これと似たことが心臓でも起こっているようです。

「いったい、洞結節に電気を送っているのは誰？　どこから来るの？」

私たちの**魂は光の玉で、その命の源となるのは光**。この洞結節が宇宙につながっていて、そこに光が届いているのではないでしょうか。「フォトン」と名付けられた光の粒子が、私たちの分子原子の中を行ったり来たりすることが観察されるようになってきました。仮説として、宇宙と内側でつながっている聖域から送られてくる「フォトン」が、心臓の壁に当たり反復することが心拍を生み出しているのではないかといわれ始めています。この仮説をもとに、光のフォトンと「ありがとう」の関係についての話を進めていきたいと思います。

宇宙は「ありがとう」の声の波形を読み取っている

さて、「ありがとうのエネルギーが開運につながる」「ありがとうと言いながら掃除をするといい」「感謝の気持ちを持つといい」……。「ありがとう」についてさまざまな効能がいわれており、私もそうお伝えしてきました。あなたは直感的に、この意見に同意して、やってみてくださったのではないでしょうか。

では、なぜ「ありがとう」効果が生まれるのか、腑に落ちる理由はなんでしょうか？

実は、スマートスピーカーが出現したおかげで、わかりやすく説明がしやすくなりました。わが家では、何台かのスマートスピーカーを愛用しています。アレクサとか、Siriと呼びかけ、「今何時？」というと答えてくれますし、「電気をつけて／消して」

「ボリュームをあげて／下げて」「今日の天気は？」「タイマー何分セット」などというリクエストに、文句一つ言わず答えて実行してくれます。これまでは、家族が何度も同じことを聞いたり頼むので、お母さんが「自分でやりなさい！」と怒っていたような頼みごとを代わりにやってくれるようになり、本当に便利になって助かっています。

このように、家族の一部となって働いてくれているスマートスピーカーですが、耳がないのに、いったいどこで言葉を聞いて、頼まれたことをやってくれるのでしょうか。

試しに、「アレクサ、ありがとう」と言ってみると、「どういたしまして、お役に立ててうれしいです」と答えてくれました。「アレクサ、ありがとうございます」と言ってみると、「またいつでも聞いてくださいね！」と、今度はさっきよりも明るい声で答えてくれました。この時にスマートフォンで、私が声に出した「ありがとう」と「ありがとうございます」を録音してみました。録音音声はボイスメモに波形で記録されて表示されます。

アマゾンの商品紹介ページを見ると、スマートスピーカーの声や音は、内部の高音スピーカーと低音スピーカーから出ていることがわかります。分解してみたわけではありませんが、私の声の波形を読み取り、なんの司令をしている声の波形かを判別し、行う動作を選択して実行するための電子回路が入っているでしょう。

インターネットやITがお手本にしているのは宇宙のしくみです。

ですから、スマートスピーカーを観察してみることで逆に、「ありがとう」と言うと、なぜいいことが起こるのかという宇宙のしくみについてのヒントを得ることができます。

フォトンの扉が開く時

ここでちょっと質問です。最近の家電でよく見かける、円と縦棒を組み合わせた電源スイッチのマークの意味をご存じでしょうか？　実は、プログラムではON＝1、OFF＝0なので、この2つを組み合わせたマークなのです。

「ありがとう」と言った言葉の波形や振動は「スイッチON＝1信号」として伝わって宇宙から光の粒子が流入する扉を開く働きをします。そして扉が開いている間、光の粒子がハートに流れ込みます。人の悪口や文句を言ったりすると「スイッチOFF＝0信号」として伝わり、扉が閉まります。ありがとうと常に言い続けていると、「どういたしまして、お役に立ててうれしいです！」とばかりに、宇宙からどんどん光の粒子がハートに流れ込みます。

光の粒子は私たちのエネルギーの源です。例えばお母さんのおにぎりが美味しいのも、丁寧に掃除された空間が心地よいのも、オーラが輝いて見えるのも、人気があるのも、すべてこのフォトンの光の働きです。「ありがとう、アリガトウ、有難う……」と言っているうち体に満タンになった光はあふれ出します。このあふれ出した光が、手のひらからおにぎりやお部屋へ、体から周りの人へ、光の量が多いほうから少ないほうへと流れて、与えられてゆくのです。

見慣れたマークにこんな意味が…

あふれて流れ出す光は命の源そのものですから、誰もが好きで、欲しいと思うものです。ですから人はこの光があるところに好んで集まります。そしてその光をたくさん与えてくれる人のことを好きになります。また、本当の貯金「宇宙預金」はこの光です。光の貯金が多い人のところに、お金が入ってくるしくみです。こういう理

由で、感謝の気持ちを持つといいよ、ありがとうと言うといいよと言われるのです。

……腑に落ちたでしょうか？

人生が飛躍的によくなる1万回のありがとう

小林正観さんが「ありがとう」について書かれた本を読んだ、天才コピーライターのひすいこたろうさんが、悪口や不平不満を口に出さずに「ありがとう」と1万回言い続けた体験談を聞かせてくださったことがあります。途中で悪口をや文句を言ってしまうと、0回に戻るルールです。

ひすいさんは、1万回言い続けた時に、心の奥から泉のように感謝があふれ出て号泣し、その日から人生が飛躍的によくなったそうです。私が突然、飛行機の中で体験したことと似ています。

1万回というのは目安で、心のダムに貯めている「ありがとう」の水位が、ダムの貯水容量を超えて、「ありがとう」がダムから放出される量になるまで、続けるようにします。

日頃から、家族や友人だけでなく、お店や駅や配達員さんなど、すべての人に感謝の気持ちを持って接することで、ありがとうポイントが貯まります。人以外の物に対しても同じ効果があるので、家具や持ち物や家にも「ありがとう」という気持ちで接してください。そうすることで、あなたによいことが起きたり、人気者になったり、臨時収入があるだけでなく、飛躍的瞬間が現れる可能性が高くなります。

「ありがとう」があふれると、人生のシナリオの鍵がはずれます。感謝のエネルギーがハートから噴出して、ただ有難いという気持ちであふれることが、生きたまま生まれ変わる最初のステップになります。

生まれ変わる方法

5

「ありがとう」1万回チャレンジをしてみましょう。

25 光の粒子でまず部屋をいっぱいにしよう

あなたに幸運が起きるかどうかには、ありがとうで集まる光の粒子が関係していることが、わかっていただけたと思います。元気がないときにはこの光の粒子が不足していて、元気があふれているときは満ちています。

この光の粒子は水と似た性質で、高いところから低いところへ、多いところから足りないところへ流れる性質があります。「あの人といると元気になれる」とか「あの人と話すとどうも気が滅入るわ」というのは、この光の粒子のやりとりが目に見えないところでなされているためです。なので、私はなるべくいつも光充電１００％でいるよう心がけていただきたいと思っています。

光の粒子で部屋が満たされたサイン

お部屋の模様替えや家事をしている時に、感謝の気持ちを持ちながら「ありがとう」とつぶやきながら行うことで、内側の世界とつながる宇宙からどんどん光が流れ込んできます。最初は御利益目当ての「ありがとう」であったとしても、100回・1万回・100万回と続けて習慣になる頃には、あなたはもう「感謝の人」と呼ばれるほどに変わっていますから、大丈夫です。

この光を得られる順番は最初があなたで、先に他の誰かに光を送ることはできません。まず、あなたが光で満たされたら、あふれた分だけがお部屋や他の人に流出します。

大切なことなので、繰り返します。あなたもお部屋も家具も、同じ分子原子でできています。あふれた光の粒子は、お部屋や家具や持ち物に保持されます。この光は、多いほうから少ないほうへ流れる性質があり、くたびれたり、悲しい出来事であなたの光が減っている時は、空間や家具が保持していた光をあなたに与えてくれます。

ですから、元気がないときに模様替え掃除片付けをするのは避けたほうがいいのです。なぜなら、お部屋に光充電をすることがしづらいからです。そんなときはぐっすり休んでください。熟睡できたら、私たちが元いた目に見えない世界に数分間戻れるので、十分に光充電がなされます。ですから、熟睡する工夫もしましょう。

朝起きたらカーテンを開けて朝日を見る、通勤時間にも朝日を見る、眠る前にはオレンジ色のあかりが低い位置から射し込むようにした部屋でくつろいでから寝る（夕日の代わり）、裸足で草や土の上を歩く時間を持つ（放電）、といったことを行うことで、熟睡できるようになります。また、瞑想や自律訓練法の中でもこの数分間を得ることができますので、生活に取り入れてみてください。

部屋の模様替えや掃除片付けで、自分の中の光が満たされてあふれ出し、お部屋空間に保持されていき満タンになると、それとわかります。お部屋がなんだかさっきより明るく感じる瞬間があるのです。これが、光の粒子で部屋がいっぱいになったサインです。

嫌な人に「ありがとう」なんてとても言えない

よく、「あの人にエネルギーを奪われたわ」という話を耳にすることがあります。でも、常にありがとうで光を充電し続けていると、幾らでも際限なくあふれてくるのですから、奪われるなどと心配する必要はなくなります。一説では、あふれる一人の光エネルギーだけで、電車の一つの車両にいる全員を満たすとも、都市全体を照らすエネルギーに匹敵するともいわれています。

この光エネルギーは、お店や会社でも同じように働きます。会社では、自分のデスクや、自主的にパントリーや棚をきれいにするといったことを実行するだけでも、効果が得られます。

Chapter2でお話ししましたが、実は悪役や問題こそが、私たちが実は地球へ楽しみにきている〝余興〟です。だからといって、現実では、はらわたが煮えくり返っているのですから「ありがとう」など言えません。やたらと明るい笑顔で「感謝しましょう！」などとアドバイスしてくる友人がいたら、「そんなことを言うあなたは、誰の味方なの？　頭がおかしいの？」と、距離をおきたくなるかもしれません。

その友人のアドバイスに従って、直接「ありがとう」と言うのも一つの手ではありますが、もしも心の奥底は煮えくり返っているのに、欲しい結果を得たいがために、言葉のうわべだけで言ったのであれば、解決はしないでしょう。それどころか、悪化することさえあるかもしれません。そして「感謝したけどうまくいかなかった」となってしまいます。

感謝の気持ちが一定量を超える瞬間

空間の素晴らしい点は、ここにあります。

私たちも動物も植物も鉱物も、家具や家も、すべて同じ分子原子でできています。あなたが苦手な人もまた同じ分子原子のかたまりです。

面白いことに、わかってはいても悪役にはどうしても言えない「ありがとう」を、家具や壁に心をこめて言うことでも、同じ意味になるのです。

一つの分子原子に伝わると、相手の分子原子にまで伝わり、内側から自然と問題が消えていくといった感じです。

時間が経った後に、振り返ってみれば必要な体験だったとわかるとしても、目の前で起こっている最中には問題としか思えない出来事へ「感謝」するなど、無理でしょう。そんな時には、部屋や家具に心をこめて「感謝の気持ち」の念を抱くことでも、同じ意味になるのです。

私たちはすべての物と源でつながっています。「ありがとう」という感謝の気持ちが一定量を超えると、悪役を買って出てくれた相手や事象に届き、問題が消えていくのです。

実際にこれをやってみると、驚くべきことが起こります。昨日まで「離婚だ！」と大騒ぎしていたご主人が、帰宅したら突然「優しい夫」に変わっていたり、問題児だと思っていた子供が、家族の希望の星に変わった、といったことは、よく起こります。このノウハウには、再現性があるのです。

残った嫌なエネルギーは笑い声で吹き飛ばせ

飲食店が新しくオープンする時、前に入居していた飲食店の家具や厨房機器をそのまま活用して、改装費を抑えて開業する「居抜き」というやり方があります。ところが、前のお店と同じ理由で早い時期に閉店してしまうことが多いのです。

これには、空間には光だけでなく、思念を保持する性質があることが関係しています。残留思念などと呼ばれている現象です。以前の経営者が悩んでいたエネルギーや、お客さんや従業員の残念な気持ちのエネルギー、嫌な気持ちだったエネルギーなどが、閉店した店に保持されているので、払拭する必要があります。

居抜きの場合でもうまくいく秘密があります。それは、笑い声が大きい従業員がいるということです。これは、店舗に関わる職人の間でよく話題に上る話です。空間に記憶された望まぬ残留思念は、笑い声で吹き飛ばせます。

また、「ありがとう」の気持ちを持って空間を整えておくと、愛と感謝が空間に記憶されて、バリアのような、周波数調整に似た働きをしてくれます。愛情を持って手を入れてある空間が居心地がよくくつろげるのはこのためです。

２０２０年に新型コロナウイルス感染症で外出自粛となった時に、以前部屋を整えたかたから「あの時に部屋を整えたおかげ様で、静かにおだやかな気持ちで毎日過ごせています」とお礼を言われることが多かったのですが、お伝えしていた「ありがとう」で部屋に光を貯めておく方法を実践してくださっていたからだと思います。

生まれ変わる方法

6

「ありがとう！」と、明るい声で笑おう。

26

トイレに光充電するすごい効果

「お部屋の魔法」を実践するのは、まずトイレから始めるようにお勧めしています。家じゅうでいちばん小さな部屋なので、実践しやすく、短い時間で光エネルギーの充電が100％に達します。そして、きれいにしても「また何かおかしなことを始めた」などと、誰も文句を言わず歓迎されやすいことが最初の理由です。

また、トイレには家族全員が日に何度か必ず入ります。家を訪れた人も、お客様も入ります。もしもその時に家族や訪問者がくたびれていたとしたら、あなたからあふれ出した光エネルギーをトイレからもらいます。壁と天井と床が光であふれていたなら、まるであなたの愛の光に抱きしめられて包まれているかのように感じるでしょう。

これが理由で、トイレ掃除を熱心にすると家族や訪問者のあなたへの態度が変化して、人間関係がよくなる傾向があります。

トイレ掃除はまるで瞑想

トイレは、掃除中に「ありがとう」を簡単に繰り返せるため、光の宇宙預金が増えやすいこともあって、臨時収入がある可能性もアップします。トイレは最初から汚れていて当たり前だという前提思考が誰しもあるので、他の部屋のように「片付けなさい！」と怒りたくなる気持ちもなく掃除をスタートできます。

もし、嫌なことを考えて掃除を始めたとしても、きれいにすることに夢中になって何も考えていなくなっていることにすぐ気がつくと思います。この状態は、瞑想をしたときと同じです。そうです、トイレ掃除で瞑想と似た効果を得られます。

掃除をするだけで人間関係の改善ができ、臨時収入が期待でき、瞑想までできる一石二鳥以上のトイレ掃除。ぜひ始めてみてください。時折「トイレを掃除すると開運する」と、トイレ掃除がブームになるのも納得ですね。

「お部屋の魔法」の練習にもトイレは最適です。次ページのスケジュール表を参考に、ぜひチャレンジしてみてください。その時には、あなたがいいなと思う空間（トイレに限らず）の写真をお手本とするために準備してから始めてください。

生まれ変わる方法

7

トイレ掃除を「ありがとう」と言いながら、やってみましょう。

トイレの魔法のスケジュール

事前の休日	月　　日	① あらかじめ、いいなと思う空間の写真を準備する ② 選んだ写真の中にあるファブリックや絵と似た色柄のタオル数枚を購入、絵（絵葉書でもよい）を額に入れたものを用意する（必要なら便座カバー等も） ＊壁紙貼りにチャレンジする場合は発注しておく ③ トイレ収納に扉がなく棚だけの場合、選んだ写真の中にある収納の色 or トイレの壁の色に近いボックス収納を購入 つっぱり棒パイプの棚 NG、カーテンで目隠し NG ④ 額をかけるフックを購入
当日	：00 ～ ：05	トイレのなかにあるもの、飾り等すべてを外に出し、何もない白い部屋に戻す
	：05 ～ ：30	隅から隅までとことん感謝をこめて掃除
	：30 ～ ：40	トイレットペーパーなどトイレで使う最低限のものだけ収納
	：40 ～ ：50	タオルやカバーを交換し、絵を掛ける
	：50 ～ ：60	美しく整ったトイレを見て喜び「私って天才！」と声を出して言う
5 分の習慣		使うたび、気になった個所があれば拭く たまには徹底的に掃除をする 改めて模様替えをする

27

最短最速で叶うからこそ気をつけたいこと

お部屋の魔法を使った模様替えが成功すると、あなたの願いがすぐに実現し始めます。ところが、望んでいたはずなのに実現して慌てることも時折あるのです。

なんでも叶うというのも、意外と大変なものです。「ラーメン食べたい」と思ったら目の前に「ラーメンが出てきた」くらいならいいですが、大好きな人に「あなたなんか消えちゃえばいいのに」と一瞬思って、それが実現してしまったら大変ですね。

「お部屋の魔法」では、模様替え前に〝ありたい自分〟についてよく考え、内面を見つめて丁寧に望みを選びます。

このように、心に思い描いたイメージの密度が高まった状態からお部屋を整え始めるので、模様替えが完成するとすぐ、望む結果に最短最速でつながる宇宙のアレンジが起こり、何かが変わり始めます。

どうしてこんな事故ばかり

ある女性が、「彼からプロポーズされたい」と相談に来られました。お話を聞いてみると、日々起こる出来事は問題だらけだそうで、私は仕事や趣味に関することをお部屋にゆっくり丁寧にセットする指導をしていきました。問題が一発解消する模様替えをすると、一気に宇宙から送られてくるアレンジ内容が強烈すぎることがあるためです。次に、結婚に関わる内容を空間にセットする方法をお伝えすると、模様替えをすぐに完了されました。

それから、小さな交通事故や上階からの水漏れ事故が3つ続けて彼女の身に起こり、「模様替えをしたのにどうしてこんなことが起こるんですか」というメールが届きました。ちょっと怒っていらっしゃるようにも感じました。

それからしばらくご連絡がなくなり、数年経ってから突然、セミナーに来られて再会しました。「お礼を言いに来ました。気づきがあったのでお伝えしたくて」ということで、お話を伺うことになりました。

それは宇宙の絶妙な配慮

彼女は、以前からお付き合いされていたお相手と、結婚されたということでした。実は以前続けて起こった事故による彼女の体や生活へのダメージは最低限の支障ない程度だったそうで、保険金が3度も彼女のもとに入ってきました。このお金でご主人がご存じなかった借金を返済されたそうです。

彼女は「『プロポーズされると、内緒の借金があることを話さないといけないので、困る』と本心では思っていたことに気がついた」と話してくれました。

私たちは、人生のシナリオに織り込んだ自分で選んだテーマをクリアしていく体験を、楽しみに待っています。私は借金の件を知らずに、それがないものとして、ハッピーエンドの結果だけを設定する方法を指導して、彼女はすぐ、私が伝えた通りに模様替えされました。当然のように、「幸せなプロポーズと結婚」を実現するために宇宙が働き始めます。

しかし、人生のシナリオをつくった〝目に見えない世界〟から見ると、これはちょっと困った事態でした。なぜなら、彼女が自分で選んだメインテーマについて、このままでは気づきを得るはずのドラマやストーリーが飛ばされてしまうからです。

魂にわざわざ装着した殻や汚れは残ったまま。宇宙は「さて、どうしたものでしょう」と考えました。

宇宙は、「短期間に3回、体と生活に影響がない程度の小さな事故を起こして、その加害者から入る保険金で借金を返して結婚する最短最速のハッピーエンド」というアレンジを送ってきました。想定外だったので、彼女は面食らいましたが、宇宙はいつも最速最短で実現する方法を選んで送ってくれます。

お話を伺っていると、彼女はそれ以外の物事も乗り越えて整理されていったようです。人生で体験するテーマとして、シナリオに「借金を解消する体験をする」「その後で、彼と結婚する」「結婚前のストーリーで宇宙の働きを体感して確信する」といった内容を選んで描いてきた彼女のために、シナリオのテーマをいくつか修了しつつ、ハッピーエンドも叶えるために一気に宇宙が働いたのです。

生まれ変わる方法

8

今すぐ叶うと本当は困る時は、何段階かに分けて「お部屋の魔法」を使う。

Chapter

4

あなたも「お部屋の魔法」で生まれ変わろう

28
直感力は誰もが持っている

「直感力が欲しい」
「どうしたら直感は鍛えられますか？」
と尋ねられることが多くなりましたが、実は、あなたが生きているということすべて、体が動くことそれ自体が、直感のなせるワザだということをご存じでしたか？

なぜ直感を正しく活かせないのか？

ベンジャミン・リベット（生理学者、医師、カリフォルニア大学サンフランシスコ校医学部）の研究では、指を動かそうと意図する0・35秒前に運動準備電位が発生していることがわかっています。

アメリカのハートマス研究所で行ったランダムに再生される写真を見る人間の反

先に出る無意識の信号

人差し指を曲げる運動の指令信号

① 指を動かそうと「意図」する。
② 指令が随意運動野に伝わる。
③ 指（筋肉）が動く。

頭蓋骨を切開した人の大脳・随意運動野に電極をつけて、人差し指を曲げる運動に対する運動準備電位（=無意識に始まる運動の指令信号）を計測。

計測からわかること

私たちの行動は「意図」から
始まるのだろうか？

❶ 運動準備電位が発生する
（「意図」するより0.35秒前）。
❷ 指を動かそうと「意図」する。
❸ 指令が随意運動野に伝わる。
❹ 指（筋肉）が動く（「意図」の0.2秒後）。

指を動かそうとするより早く
無意識の信号が出ている。

出典
Libet, B., Gleason, C.A., Wright, E.W., & Pearl, D.K.: "Time of conscious intention to act in relation to onset of cerebral activity (readiness-potential) - the unconscious initiation of a freely voluntary act", Brain, 106, Issue 4 (1983) 623-642.

応を調べた実験があります。次にどんな写真が出るのかわからないにもかかわらず、ショッキングな写真が出る場合だけ、目で見る5秒前に、まるでその写真を知っているかのように急激に心拍数が下がり始め、次に脳が反応して、その次に体が反応し毛が逆立ったりし、最後に意識するとわかったそうです。反応するのは**「心臓→脳→体→意識」**の順番です。

「どうやらハートは一種の直感とつながっているようです。それは時間や空間の制限を受けません」と、映画『ザ・パワー・オブ・ザ・ハート』の中でハートマス研究所の設立メンバーの一人、ローリン・マッカーティ氏（精神生理学）は話しています。

他にも似た実験結果は多く存在します。

〝直感を送ってくれる存在〟は、心臓に続いて脳に信号を送り、体を動かし、あなたを守りながら何かを体験させようとしています。あなたを動かしているのはそもそも〝直感を送ってくれる存在〟で、生きている限り誰もが直感力を持っていて当たり前なのです。

思考（顕在意識）の力には限界がある

カードゲーム実験

＊赤いカード2組と青いカードも2組の4組のカードを用意する。
＊カードの裏には、「〇ドルの勝ち」あるいは「〇ドルの負け」と書かれている。
＊4つのどの山から選んでもいいので、カードを1枚ずつめくっていき、最後にもうけが残るか、損をするかを競う。
＊赤いカードは「大勝ちも大負けもあり、リスクが高く」
青いカードは「大勝ちも大負けもなく、確実にもうかる」
ようにつくられている。
＊したがって、必勝法は青ばかり引いていくことである。

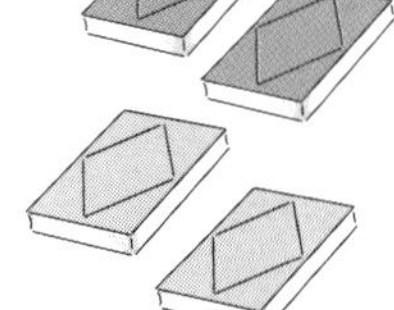

実験からわかること

この実験では、被験者がいつ必勝法に気づくのかが問われる。

❶ 思考（顕在意識）だと……

50枚までめくってなんとなく必勝法に気づき、80枚で確信へ

❷ 手のひらの汗を測定すると……

10枚目で赤にストレス反応。
危険を回避する行動を自覚なしに始める。

論理的思考を飛ばして一気に結論に達する能力を誰もがもっている!!

出典
Bechara, A., Damasio, H., Tranel, D., & Damasio, A. R.:　"Deciding advantageously before knowing the advantageous strategy", Science, 275, Issue 5304 (1997) 1293-1295.

息子が小学1年生の時に、校庭の遊具から落ちて、1ヶ月間ほどの間、曲げようと思う方向と逆に手首が曲がってしまったことがありました。最初はふざけているのだと決めつけて笑っていましたが、本当でした。直感を心臓で受信し、脳に信号を送り、体に反応が起きるプロセス上で信号伝達異常が起こってしまったのでしょう。

このように、「受け取った情報と違う動きをする伝達異常が起こっている」とわかりやすい例は稀でしょう。

日々の暮らしの中で起こる伝達異常は、たいていこのように起こります。

例えば、AとBの分かれ道に立った時、〝直感を送ってくれる存在〟が「Aの道を選ぶといいよ」という信号を心臓に送ってくれたとしましょう。伝達がスムーズに行動につながれば、Aの道を選びうまくいきます。

ところが実際には、これまでの人生の中で「いつもと違うことをしてはだめ」「初めてのことは危険」「そんなうまい話があるわけない」「大多数の人がやっていることと同じものを選べば安全」等々と、繰り返し刷り込まれてきた教えのフィルターを脳内で通るうちに、最初はAだったはずの情報が、AからA'へ、そしてBへと変わってしまいます。その結果、まるでAはなかったかのようにフィルターに吸い取られて消し去られ、抽出された結果Bを選ぶことになります。

悪い状況にいると感じる時に起っていること

〝直感を送ってくれる存在〟はいつも、物事がよい方向に進むように信号を送ってくれます。ですから、悪い状況にいると感じる時は、あなたにこんな癖があります。

・誰にも平等に降り注ぐ直感
↓
・心臓（ハート・心）が受け取る
↓
・脳の設定「パス（通り抜け）」
または
脳の設定「別の反応に自動置き換えする」
↓

・直感の導きを活用しない行動

私たちは、心臓（ハート・心）に受信した直感が脳に届いた時に、それをよく使っている反応に変換してしまうことがあります。プログラム異常のようなこの反応で行動したその結果、道に迷います。この反応癖は〝今〟その設定になっているだけなので、元に戻し、ニュートラルに設定するだけで、物事はよい方向に進み始めます。

よいことも悪いこともあなたのドラマの一部

ニュートラルに設定する方法として、音声を繰り返し聞き流して行う潜在意識の書き換えや、一発で設定完了する「お部屋の魔法」などがあります。

しかしながら、「悪い状況にいる」と感じることさえ、生まれる前に描いてきたシナリオのテーマに沿って起こっているドラマの一部です。シナリオでは「直感をこの時から受信する」または「一生受け取らない」「一時期受け取らない」などと、直感の投入タイミングも決めています。ですから、突然その時がやってきて驚くこともあります。

〝直感を送ってくれる存在〟から心臓に直感が届く→脳が反応する→書店の本棚に手が伸びたり指が動いてネット注文をした結果、本書を読んでくださっているあなたは、直感の受信開始や、受信頻度増や、チャンネル増のタイミングを、今このタイミングに決めてきたということです。

よりよく生きるためのメッセージもまた、人間を超えた存在がいる、〝光の領域〟から、常に送られてきています。

「なんとなくそんな気がしたのでやってみたらうまくいった」という誰にでもあるようなことが、〝光の領域〟からメッセージをうまく受け取れた結果です。

目的地までどの道どの電車で行くかといったことや、レストランでメニューを選ぶといった日常的なことにまで、**メッセージは常に降り注いでいます**が、私たちはその直感を無視し、どうしたらいいのかと考えようとして迷ってしまいます。

直感力全開のパラダイムシフトが訪れる

あるスピリチュアルリーダーのイベントに誘っていただき、親友と1泊2日で参加した時のことです。私たちの仲よしグループは14人で一部屋に集まり、夜に飲み会をしようということになりました。私と同じ感覚で生きている人のグループで、直感や癒しの力を仕事にしているかたもおられました。

その夜とてもくたびれていた私に、誰かがご自身の浄化メソッドを「やってあげよう」と施してくれ始めました。すると、一人……二人……と私の周りに集まり始め、「あ、今◯◯が出たね。何番目の骨やって」などと私を囲んで、総勢11人で相談しながらの施術が始まりました。

私の症状について、全員が同じものを自分の得意な直感力でキャッチして見聞きし、それについて話し合っていました。この様子を見聞きしなかったのは二人だけで、私の周りに円がつくられ、施術される様子をちょっと離れたところで見ていたこの二人は「何かおかしくない？ 見えるのがマジョリティ（多数派）？ 私たちがマイノリティ（少数派）!? 逆!?」と、大声で爆笑しているではないですか。そう言って面白がって笑う彼女たちも、施術ではありませんが、別分野で直感をキャッチする能力を持っていますから、この場にいた14人全員が直感力を生活や仕事に活かしていることになります。

このように、情報は、一部の人だけに送られてきているのではなく、地球上の全員に同じように送られています。今はまだ、この情報を上手にキャッチする人が少ないだけで、天動説と地動説が入れ替わった瞬間のようにマイノリティとマジョリティが入れ替わるパラダイムシフトが訪れるのは、時間の問題だと思います。

あなたの周りでも、だんだん直感でメッセージをキャッチする人が増えてくるでしょう。私の周囲ではすでに、キャッチできないと感じている人のほうが少数派になりつつあります。そのうち、科学で解明されていないことは怪しいから信じないという人を、多数派が「あの人はまだロボット系なのね。早く直感力が開いて成人するといいね」などと励ます時代に変わるでしょう。

一瞬のかすかなメッセージを大切に

強いサイキック能力を持つ特殊な場合を除くと、メッセージが大声でわかりやすく順序よく話し示されるのは稀です。まず、「気のせいか夢だ」とそのまま忘れてしまいそうになるほど、一瞬のかすかなものであると思ってください。

慣れてくると、アスリートが競技前に行う決まったプロセス……例えば野球でバッターが打席の前に入る時にやる決まったルーチンアクションや神社で二礼二拍手一礼してからお参りするのに似た、自分なりのちょっとしたきっかけを持つだけで、直感とつながりやすくなるスイッチオンができるようになります。それまでは、こちら側の環境や心の雑音をなくして、静かにしておくよう心がけることが大切です。

生まれ変わる方法

9

頭で考える前に心に届く直感をあえて意識して、それに従ってみましょう。

29 それは本当にメッセージなのか？

直感に従っていこうとすると、「**これは直感なのか思考なのか**どちらだろう」と浮かんだ考えについての疑問が出てくるでしょう。この答えを得るのに、いつも誰かに頼って聞いていると、その相手に依存してしまいがちになりますし、その人のフィルターを一度通ってしまうことになります。ですから、自分で確認する習慣をつけましょう。

直感か思考なのかを判別するベストな方法

調べ方は、浮かんだ考えを使ってすぐ行動してみること。光の領域から送られてきたメッセージをまっすぐ受け取れていたら、必ずうまくいきますから、直感だったか思考だったか答えが明確にわかります。とはいっても、まだ半信半疑の直感を人生の大切な局面で試してみるのは不安ですよね。

そこで、お部屋の模様替えで実践してみることをお勧めします。模様替えなら何度でもやり直せて、失敗はありません。

もし、直感だと思ったことがそうでなく頭で考えたことだった場合でも、部屋は以前より少し整います。そして、望む結果は現れず、部屋が〝なんとなくしっくりこない〟という感じがしてきます。この〝なんとなくしっくりこない〟という感じを、肌で覚えてください。

誰もあなたが直感力を試していることを知らないので、他人の評価を気にして判断が曲がってしまうようなこともありません。

もし、直感で受け取ったことを素直に応用して模様替えを行うことができていたら、いいことが起こります。いいことは小さなことから大きなことまでさまざまです。そして部屋はしっくりくる感じがして、自分にとって居心地のいいお部屋になります。

いいことが起こるという結果を得られるのでわかりやすそうですが、今度は「本当に直感に従って模様替えをしたことが理由でうまくいったのか」と、半信半疑になるでしょう。「模様替えでうまくいったのだ」と納得がいくようになるまで、直感を使った模様替えを繰り返し実践してみてください。

最初は、かすかな肌感覚を活用することが心細いかもしれませんが、私が半世紀かけて試して確信して実証したことをギュギュッと凝縮してお話ししていますから、あなたには即日〜数年で体験していただけるはずです。

直感か思考かをまっすぐ自己判定でき、よい結果が増え、直感力が磨かれていく。おまけに空間まで整ってくる……こんないい方法は、模様替えの他にありません。

あなたや周囲の人が不幸になるような〝直感〟はない

直感に従って生きようとし始める時に、わがままになったり、人に悲しい思いをさせたり、迷惑をかけたり、買い物や旅行で高額のクレジットカード支払いをしてその後何年か支払いに困ったりする人を時折見かけますが、それらの事象はみな外側の世界に向いています。〝直感を送ってくれる存在〟がいる光の領域は、最短で最適で最高の方法を送ってくるので、あなたや他人が不幸になるような内容であることはありません。

ですから、あなたにはこのように捉えて実践して欲しいのです。

〝直感を送ってくれる存在〟は、あなたの中心・魂の光の源です。大きな光から分かれた光の源の一部分であるあなたが退屈から飛び出して、今地球にいるのですから、〝直感を送ってくれる存在〟は、体験がもっと濃く深くなることを喜びます。新しいことや、再チャレンジも喜びます。また、人生シナリオを楽しみ、テーマをクリアしていくと喜びます。これは「自己実現」「道を極める」といったように、**自分の中だけで完結し、自分の内側でできること**です。

この宇宙は、人間関係や仕事での問題など、外側の出来事はすべて、自分の中で解決すると自然と消えたり変わるシステムになっています。ですから、人に対してわがままになったり、人に悲しい思いをさせたり、迷惑をかけることをする必要は、全くありません。うまく直感を働かすことができたら、魔法のようにスムーズに一気に物事が解決する方法を選ぶことができます。

また、直感で生きようとしている時に周りから「もっと考えなさい」と言われることがあります。これは、バランス調整をしたほうがいいよというお知らせです。直感の密度に対して、現実世界に活かす工夫の密度が荒く雑である時に、周囲には考えが甘いように見えることから、よく言われる言葉です。

模様替えならすべてがうまくいく

これらすべてが、模様替えだとなんの問題もなく練習・実践できます。

まず、直感を磨くことができ、自分の中心・魂とつながりやすくなること。自分が自由にしてもよい空間だけを模様替えする時、それはあなたの内側の世界で、他人に迷惑をかけようがないこと。これを覚えておいてください。

三次元の世界には縦×横×高さという寸法と、取り付け外しや移動という、ちょっと手間をかける必要があるプロセスもあり、直感だけでは模様替えに至りません。直感をもとに、新しいことに少しチャレンジもしつつ、よく工夫して実践する必要があります。すぐできることもあれば、寝かしておいて時間が経つのを待たねばならぬこともあります。これによって、さまざまな直感のパターンと、活用のコツも体感することができます。誰から聞いた話でも読んだことでもなく、自分でやってみてつかんだ体感と結果が、今後あなたの役にたちます。

自分の中心・魂とつながりやすくなる

あなたが直感力に従って動き始めると、〝直感を送ってくれる存在〟はきっと喜ぶでしょう。これまで、うまくいくようにと幸せになるようにと365日24時間休みなく直感を送っていたけれど届かなかったことを、キャッチしてくれるようになれば、さらに応援したくなります。そして、送られてくる直感の種類がバージョンアップしてきます。

キャッチする感覚はいろいろで、例えば、

1. 見える
2. 聞こえる
3. わかる
4. ヴィジョン（体感や感情を伴うこともある）
5. 香りがするなど

といったことのうちの一つか、組み合わせです。自分が得意なキャッチ方法が自然と強化されていく感じですが、時に違う方法でもキャッチしますので、自分は〝これ〟と限定してしまわないほうがいいと思います。

〝直感を送ってくれる存在〟がいる光の領域は、もともと自分自身の魂の家です。直感力が開きやすい空間で暮らし過ごすことは、すなわち自分の中心・魂とつながりやすくなるということと等しいのです。

生まれ変わる方法

10

なんとなくそう思ったり、なんとなくそんな感じがすることに注目しよう。

30 魂が喜ぶ部屋のつくり方

〝直感を送ってくれる存在〟は、この世界で魂がさまざまな体験をすることを望み、私たちの体験が濃く深くなると喜び、新しいことや再チャレンジを喜びます。だからといって、そんなに特別なことを望んでいるのではありません。

例えば、人生のシナリオに描いた日常を、左から右へ流すのではなく、一つひとつ丁寧にするゆとりがある。過去や未来に思いを向けるのではなく、今ここにある時を大切に味わう。チャレンジする時は、思い切ってやる。そんなことがしやすくなる部屋をつくると、魂は喜びます。結果的に、シナリオが充実したものになります。そして人生の設計図修了が早まり、生まれ変わったように次のシナリオにシフトすることになります。

ではこれから、直感を使いながら、模様替えして、魂が喜ぶ空間に変えていきましょう。
Chapter3の最初の項目「空間の通りに人は動く」（１４２ページ）で描いたらくがき（または検索して見つけた写真）を使いますので、準備をしておきましょう。

家具リストをつくる――空間を変える1

今あるものが見えないと、ないのと同じです。これは、ないものを欲しいと思うことと同じ意味だということが、おわかりいただけるでしょう。この時あなたは欠乏のエネルギーの中に身を置いていますので、まず〝欠乏スペース〟から出ることが必要です。

模様替えをしようとする時、必ず家具の寸法が必要になってきます。そこで、家具を簡単にリストアップして、縦×横×高さの寸法を測り、記録しておきましょう。ちょっと面倒だなと思っても、とても大切なので、チャレンジしてやっていただきたいのです。

不思議なことに、今ある物を大切に思い「これで十分いける」と思ったとたんに、いいことが起こり始めます。ほとんどの場合は、今ある家具だけでほぼ模様替えが完了します。

〝充足スペース〟に身を置くこと。これが宇宙の法則の基本です。

家具リストがあることで、模様替えをする前に移動が可能かどうか紙面上だけで予測できます。人に譲り手放す時にも、大型ごみに出す場合にも寸法を必ず聞かれますし、新しい家具を購入する際にもこの家具リストが役立ちます。

一緒にいる人の笑顔を思い浮かべる（次元移動）——空間を変える2

〝ありたい自分〟の生活を詳細に想像しましょう。そして、そこに一緒にいる人の笑顔を思い浮かべます。誰かの笑顔を見ているあなたは、自然と「実際にそれを体験している時と同じ目線」になっています。〝ありたい自分〟がいる次元に、時空を超えて瞬間移動存在して、その空間の現実を見ているようなものです。この時、あなたがいるのは、〝直感を送ってくれる存在〟とつながる、目に見えない空間です。最初に模様替えをするのは、現実にある部屋ではなく、この目に見えない空間からなのです。

現実と一致させる——空間を変える3

Chapter3の「空間の通りに人は動く」で描いたらくがき（または検索して見つけた写真）と同じアングルで、今いる部屋の写真を撮影して、らくがきと同じくらいの大きさになるよう印刷します。これは、先に述べた自分より下の次元のことはよくわかるという理論を使うためですから、わかりやすく進めるため携帯の中の写真を見るのではなく印刷するようにしてください。

印刷した写真の上から、「空間の通りに人は動く」で描いたらくがき（または検索して見つけた写真）の特徴と同じになるように、クリエイターになったつもりで自由に書き込みをします。

次に、具体的な模様替えのプランを練ります。先ほど自由に書き込んだ紙に、家具のリストを見ながら、この位置にこれ、この位置にこれというふうに、あてはめていきます。これが「お部屋の魔法」のプランになります。

家具をあてはめていく時にすべてをあてはめるのではなく、〝ありたい自分〟の空間にあるものだけをあてはめたら、余る家具は手放すことを検討します。また逆に、壁に掛かっている飾りや絵などは、予算に合わせて購入も視野に入れます。

家具の色が〝ありたい自分〟の空間にあるものと違う場合は、買い換える前にリメイクも検討してみてください。塗装してみたり、取っ手を変えてみたりするのは楽しいものです。

模様替え——空間を変える4

先ほど書き込んだプランをよく見えるところに貼って、常にそれを基準にしながら実際に模様替えを行います。この時に注意して欲しいのは、つい目の前だけを見て頭で考える、これまでやってきたのと同じ模様替えをしてしまいがちになるということです。わかっているつもりでも、つい、「家具をどう配置換えするか」ということだけに気が行ってしまいます。

このプロセスは、お部屋に魔法をかける部分で、とても重要です。

・大切なのは、心の想像に密度をつける時間

自分の理想の世界に引っ越したかのようにリアリティが高い想像をする作業を「想像に密度をつける」と呼んでいます。

これまでセッションを行ってきた多くのかたについていえることは、ありたい自分

の想像がぼんやりしているか半透明か、または9割の部分がすっかり欠けてしまって一つの事象だけが点のようにあったということです。これでは現実には、なかなか現れてきません。この状態は、全体を俯瞰すると透明に透けているかのようなので、「心の想像密度が0％に近い状態」です。

想像に密度がつき始めると心の中で実際に創造が始まり、密度が高くなると現実世界にそれが現れて実現します。お部屋の模様替えは、心の想像に密度をつける、現実的な方法です。現実に現れたものの想像密度は100％ですから、先に舞台セットだけを創造してしまい、そこで目にして、触れて、実際に生活をすることで、自然とドラマ部分の想像密度が高まり、現実化が簡単になります。

ここで、想像に密度をつけるときに大切なポイントを二つお話しして、前ページの「模様替え」でご紹介した「プランをよく見えるところに貼って、常にそれを基準にしながら実際に模様替えを行う」というプロセスがなぜ有効かを腑に落としていただいてから、実践していただきましょう。

想像に密度をつけるときに大切なことの一つ目は、心の目で見る領域を広げることです。ありたい自分の理想の暮らしは、一つの家具や物、幸運な出来事だけではありません。お部屋、オフィス、店舗や屋外の空間全体があり、家具や物や人など……出来事すべてがつまったものです。ですから、心の目の焦点を近距離から中距離へ合わせ直して、最低限、今ある部屋を眺めるのと同じ、ぼぉっと眺めている範囲程度にまで視野を広げる必要があります。

二つ目に、心の目でぼぉっと眺めている空間全体を、まるで本当に今、目の前にある現実であるかのように隅々まで詳細に想像することです。

この二つのポイントを押さえて100％想像に密度をつけるのは難しくても、目の前に現実にすでに出来上がったものがあれば、誰でも簡単に一瞬で見ることができ、その内容がわかるのは当たり前のことですよね。家やリフォームが完成してから「ここをこうしたらよかった」と追加が出るのは、事前に図面や口頭での説明があったにもかかわらず想像できていなかったものが出来上がって見えるようになったためです。「お部屋の魔法」では、事前に頭の中にある想像をアウトプットして作成したプランをよく見えるところに貼って、常にそれを基準にしながら実際に模様替えを行っていただきます。こうすることで、想像に密度をつけていくことができるため、創造が簡単になります。

・心の設定と、今の部屋とのギャップを埋めて現実と一致させるプロセス

必ず、プランを何度も見ながら、プランに部屋を合わせていくようにします。目に見えない心にあるものを外に出して描いたのですから、プラン＝心の創造です。

私が模様替えをする時は、常に心の中にクライアントさんの心の空間が存在しますので、クライアントさんが忘れないように、〝ありたい姿〟の会話をしながら、模様替えを続けていきます。

模様替えや、それに必要な掃除片付けを行う間ずっと、「ありがとう」と心の中で思い続けながら、感謝の気持ちで行うようにします。

ちょっと休憩、アイデア実践——空間を変える5

休憩すると、急にアイデアが浮かぶことがあります。これは、ふっと気持ちがゆる

み期せずして静かな領域に自分の身を置いたからで、魂・宇宙とつながっている状態です。メッセージを受け取っているということです。この情報を使うことで、魂が喜ぶ部屋づくりができます。

定着期間——空間を変える6

部屋を模様替えしたことは数日間で忘れてしまいます。そして当たり前の日常になっていきます。この期間に、空間と心が一致してなじみます。

楽しく暮らす——空間を変える7

あなたの魂が喜ぶ〝ありたい姿〟を設定してある空間から、知らず知らず影響を受けて、ご機嫌に楽しく暮らしているだけで自然と結果が現れ始めます。

生まれ変わる方法

11

プランを必ず描いて、それを見ながら模様替えしよう。

31

部屋の中心に立つ
——宇宙からアイデアをもらう法1

模様替えを始める前に、まず、何度か深呼吸をして、部屋の中心に立ちます。そして、「私は今、部屋の中心に立っている」ということを自分とその空間に宣言します。私がイタリアのスピリチュアルコミュニティーのらせんを歩いた時に、中央で宇宙とつながったように、まず、中心に立ち、空間とつながっていきます。

その場所が小さなトイレであっても、居間であっても、会社の一室であっても、広い建築予定地であっても、最初は中心に立ちます。

そして、ぼんやりゆっくりとして、深呼吸。また、ゆっくりして深呼吸…というふうに、ずっと同じ調子でなくともいいので、繰り返してぼんやりゆっくり時間を過ごし、何もしません。

自然に届くまで待つことの意味

私がお宅や会社に伺って行う時、お客様には、

「しばらくじっとしていますが、心配いりませんので、そっとしておいてください」

と、お願いします。空間とつながるのを待っている時間です。その間、頭の中のおしゃべりを止めて、心が静かになる静寂の領域に身を置くのです。


しかしながら日頃は、これこれしかじかと説明をされて、むしろ急かされることのほうが慣れていらっしゃるので、

「すいません、あと何分かかりますか?」

「えっと、何をしてるんですか?」

と途中で声をかけられることも多いです。仕事を順序よく運ぶ時は、時間を決めて予定通りに進めればいいですが、魂・宇宙とつながる瞬間を待つ時は、それが来るまで、待つことです。


光の領域から届くメッセージを受け取る時も、待つことがとても大切です。これが待てないと、つい思考で創作してしまいます。創作も、直感の一つですが、せかせかした気持ちの時は、そもそも心の中心にいませんから、直感がうまく働きません。自

然に届くまで待てた時に、最高最良の直感を受け取ることができます。

部屋の中央に立ち、胸のあたりにある意識で、部屋の中心にごあいさつするようなイメージで何もしないでぼんやり待つと、空間が「この人は安心できるな」とか、「この人に情報を送ればいいんだな」と認識をしてくれるようになります。なんとなく「つながった」ように感じたら、宇宙とつながる目に見えない空間と現実のお部屋を自分を介して接続完了です。

これができるようになると、直感力が磨かれていきます。

生まれ変わる方法

12

胸の中心を空間の中心とつなげる。

32 どうありたいかをイメージしながら空間を眺める——宇宙からアイデアをもらう法2

空間とつながれたと感じたら、次に、その空間で楽しく充実している家族やお客様や同僚の姿を思い浮かべます。そして、想像を巡らせながら、部屋という立方体全体360度にゆっくり、ゆっくりと視線を向けます。

胸にある想像を壁に向けて、胸に戻す。また壁に向けて、胸に戻す。ということを一通り繰り返して、今度は壁よりも自分寄りの空間に向けて、同じことをします。そしてさらに自分に近い空間に向けて同じことをします。

こうして、部屋の容積のすべてにゆっくりと視線を向け、胸にある想像を壁に向けて、胸に戻す、を行います。

心の空間の映像をお部屋に記憶させるプロセス

これは何をしているのかというと、目に見えない心の空間に創造された映像を、お部屋に投影して、お部屋空間に記憶させているプロセスです。お部屋はまだ変わっていませんが、目に見えないレベルで心とお部屋のギャップをならして均等にしているところです。

この時、目で見て頭で考えるのではなくて、どちらかというと視線は向けるけれど、体の範囲を超えて胸から完成予想ムービーの情報を送り広げて戻す、広げて戻す、という感じです。頭では全く何も思考しません。すっと視線が動くところもあれば、ちょっと止まるところもありますが、無理に先に進めようとせず、自然な成り行きに任せて、これをゆっくり続けます。

なんというか……心にはすでにあって、壁に投影されている目では見えない空間映像の3D写真を撮っているような……目には見えませんが、心と部屋を一致させていく感覚を、空間とテレパシー通信しているようなイメージといったところでしょうか。

思い描いた楽しく充実している家族やお客様や同僚の姿を、空間の隅々に浸透させるように行います。今空間に送ったイメージは、〝ありたい自分〟が見ている風景です。部屋の容積全体に浸透すると、3D映写機で〝ありたい自分〟が見ている風景が投影されているかのように、その空間の中が動き始めます。

目で見ているのではありませんが、こうして心の目で見て空間全体に広げた日常風景は、空間全体に届き、創造の世界で繰り広げられ始めます。

これは、宇宙法則を使う時の基本動作です。慣れたら一瞬でできるようになります。

生まれ変わる方法 13

部屋全体に胸から意識を広げて戻す。

33 うろうろ歩く
――宇宙からアイデアをもらう法3

意識をつなげて、〝ありたい自分〟の日常を空間の容積いっぱいに投影したら、次はうろうろ歩きます。この時も何も考えません。

考えごとをしている時に、うろうろ部屋の中を歩くことがありますよね？　歩き方はその感じと似ているのですが、感覚がちょっと違います。

考えごとをしている時は、頭の中がくるくる回っていて、体をリラックスさせるために移動している感じですが、ここでは頭には何もありません。胸をアンテナ、皮膚を情報吸着剤にして無言の情報収拾をしているような……そんな感じです。なので、まんべんなくゆっくりと、空間全体をうろうろ歩きます。

家丸ごとの場合は、玄関から廊下、階段も含めて、一通り隅から隅までうろうろと歩きます。モップをかける時のように、細かく行ったり来たり歩く必要はありません。

私の場合だと、腕から外側に80㎝～120㎝くらい、直径2ｍから3ｍくらいの情報を集めることができます。

肉体の外を覆っているエネルギー体が情報のやりとりをしているようで、情報収拾できるエネルギー領域は、部屋にある物の量や使っている人によっても変わります。一般的には、6畳の部屋だと1周、12畳の部屋だと2周を歩くようなイメージです。

私が考えているのではないから、必ずうまくいく

うろうろ歩きを一度ではなく、何度か繰り返すうちに、面白いことが起こり始めます。

先ほど空間の容積いっぱいに投影した、〃ありたい自分〃の日常風景と、現状のギャップを埋める現実的なヒントやアイデア、家具の配置などが、送られてくるのです。これが始まるまで、うろうろ、うろうろとゆっくり歩きます。

私がこれをやっている場面を何も知らずに見たら、考えごとをしてうろうろ歩き回っているように見えるかもしれませんが、実は……何も考えていません！　毎回、武者震いをしながらも、「必ずうまくいく」という確信があるのです。そして、実際うまくいきます。なぜなら、私が考えているのではなく、宇宙が必ずヒントやアイデ

アを送ってきてくれるからです。

ここまでの3つの項でお伝えしたことは、大声で教えてくれたり、明確に書き示してくれたり、はっきりと画像をプリントしてくれるのではなく、すべてがかすかな感覚です。

お部屋を使って、このかすかな感覚を受け取れるように繰り返し試してみることは、直感を磨くことにつながります。また、そのためには、周囲の騒音と関係なく静かな領域に身を置く感覚が必要です。

生まれ変わる方法

14

思考ゼロで、うろうろ歩き、肌感覚で空間から情報をキャッチする。

34 突然閃いたことはやってみよう

部屋の模様替えで直感力を磨くことができます。どんどん閃きで模様替えをしてみてください。その結果でいろんなことがわかります。

直感を送ってきてくれている存在は、送ったメッセージを活用してもらえると喜んで、さらに応援して閃きを送ってくれるようになります。模様替えですから、直感が当たっても外れても気にせずどんどん実現していきましょう。直感を得られると自慢しても直感を送ってきてくれる存在からは応援してもらえません。それをすぐ活用して現実化することが大切です。そのうちに勘どころがわかります。

せっかくの直感を実現できる人になる工夫

閃きを活用して形にするためには、現実化する力が必要です。

例えば私の場合は、日頃からなるべくホームセンターや家具店に行くようにしています。どんなものがあって、新しいものが出たかなど、これまたぼんやり情報収拾してうろうろ歩き回るのです。すると、新しい情報が加わって増えていきます。

こうしておくことで、空間がくれた情報と、自分の中にある情報がぴたっとつながって、現実に活用できる確率が高くなります。情報の引き出しがないと、閃いても実現方法がありません。

あなたが今やっている仕事や趣味、家事などを深くやっておくことで、この情報量が増えます。また、幅広くいろんなことをやっていると、情報の幅が増えます。目の前にあることを大切に行っていると、それに関係する直感をキャッチできる可能性が高くなります。おろそかにしていると、せっかく直感や閃きを得ても、なんのことかわからなかったり、手段がなかったり選択肢が少なかったりして実践できなかったりします。

そういう場合は、閃きが「必ず実現する」ということを信じて、メモするなどして、そのままにしておきます。すると、街を歩いていてふと必要な物を発見したり、情報を見かけたり、友人が興味深い話をしたりしますので、すかさずそれを記録するか手に入れてください。後で情報が現れるというわけです。

私にも、メモしたものを手帳にはさんだままになっていることがいくつかあります。それがもし本当に必要な物事であれば、必ず宇宙は最適な時に情報を送ってきてくれます。今は必要ないのだなくらいの感じで忘れていても大丈夫。直感が来た時にキャッチして現実化できるように、模様替えで直感力を磨いて実現する習慣を身につけておきましょう。

やりたくなったら、すぐ実践！

宇宙が送ってきてくれた情報を、そのままにしておくと、消えてしまいます。キャッチしたらすぐ、紙に書くか、実践します。お部屋の模様替えの場合は、実際にそれをやってみることです。

最初は1箇所ずつ、部分的な閃きから届き始める可能性が高いです。ちょっとしたことでもいいのです。例えば、ふと、壁が寂しそうに感じたので額を飾る。ふと、間が悪いように感じたので、花を飾る。ふと、テーブルの位置を変えたくなったので移動する。ふと、照明器具を換えたくなってやってみる。ふと、ゴミ箱の位置を変えたくなってやってみる。ふと、キッチンシンクを磨きたくなって磨いてみる。ふと、持ち物整理をしたくなって片付けてみる。

ふと思ったこと、閃いたことをすぐ実践していくことで、お部屋が、魂が喜び、宇宙とつながる空間になって、そこで暮らすだけで幸せになっていくことができます。

これをしばらく続けていくと、やがて、全体像が一気に丸ごと直感で受け取れるようになります。任意の場所を拡大してみると、そこの細かい部分まで見えるという感じの、閃きのかたまりのようなものです。全体像が丸ごと受け取れるようになると、空間だけでなく、映画でも絵画でも会社でも、なんでもつくれるようになります。

まずは、閃いたことを使ってすぐ模様替えをする実践を続けてください。

生まれ変わる方法

15

ふと思ったことは、
試しにすぐやってみる。

35

あなたの「閃きスペース」の見つけ方

光の領域から届く直感を、そのまま行動に反映できると、幸運につながります。そうするためには、起きているのに眠っている時のような、何かをしているのに深呼吸を続けているような、リラックスできる「閃きスペース」に身を置くことが大切です。

この本でご紹介したやり方で心を現実に写し出した部屋づくりをすると、そこにいるだけで宇宙とつながるニュートラルな状態になれます。

潜在意識の不要な思い込みを消すことも大切ですが、新しい不要な思い込みをこれ以上入れないことも大切です。〝ありたい自分〟の空間には、〝ありたい自分〟が聴きたい音、見たい映像、触れたいもの、好きな香りを注意深く選んでください。今の自分が気に入っていてそのままでいいなら、そこまで気を使わなくてもいいですが、もし変えたい何かがあるなら、心がけて、新たに潜在意識に刷り込まれて、直感を曲げてしまう要素を入れないことです。

試行錯誤しながら、しっくりくる感じになるまで手を入れて、心と一致したお部屋をつくり上げていってください。

「ありがとう」をたくさん言うほど、手からも光の粒子があふれますから、「ありがとう」と言いながらお部屋に手を入れることで光の粒子が保存されます。日頃からお部屋に光充電をしておくことで、お部屋があなたの充電器になってくれますので、くたびれて帰ってきた時には、お部屋が放出してくれた光の粒子が自分に充填され、ストレスが緩和します。

完全に宇宙とつながる数分間

「お部屋の魔法」のプランを考える時は、周りの環境から影響を受けますので、自然やお気に入りの空間の力を借りてください。自然は、一発であなたをニュートラルにしてくれますので、今の自宅や会社で〝ありたい自分〟を思い描くのではなく、近くの自然の中にでも出かけていって、〝ありたい自分〟を思い描き、つくったプランをもとにお部屋づくりをすると、ニュートラルになりやすく、閃きを得やすくなります。

あなたが、お気に入りのカフェがくつろげるという場合は、そこに出かけていって、

〝ありたい自分〟を思い描きます。

部屋の真ん中は、わかりやすい閃きスペースです。可能であれば、部屋の真ん中に机を置いて座るようにするといいでしょう。

完全なる閃きを得る時間帯は、熟睡中の数分間です。完全に宇宙とつながりますので、起きたら閃きを得ています。熟睡できる部屋づくりをするのも一つです。

キッチンのシンクで洗い物をしている時は、つながりやすいので、意図的にぼんやり見ている前の壁に〝ありたい自分〟を象徴するような絵や写真を飾っておくと驚くようなことが起こることがあります。

直感力が閉じている時は、頭がキュッと縮まって硬くなっているような感じがしますから、意識してゆるめる感覚を持つのもいいです。直感力が開いている時は、一つのことをしている間、時間がまるで止まっているように感じます。

こうして人生のシナリオが修了する

お部屋の中をゆっくり歩いてみたり、座ってみたりして「この場所がしっくりくる」という場所を直感で探してみてください。ここまでやってきてくださったあなたなら、感覚でわかるはずです。そこに椅子や机を置けば、閃きやすくなります。
この椅子に座ってデスクに向かうと閃く、という椅子を決めて置くのもよいです。椅子にそう宣言するだけでいいので、会社などでも活用できますね。

これまでは「単なる物」だと思ってきた、家具や部屋と、これからは無言の対話をしながら意識を共有して暮らしていってください。宇宙とつながれると、内側の世界に自分だけの空間が広がります。

このようにして、宇宙とつながる部屋を得て、今世のシナリオを充実させていってください。これまでは嫌だと思っていたことが反転逆転する可能性もあります。すると、もう嫌だと思っていた物事は起こらなくなります。人生シナリオが修了した時は、私の体験のようにそれとわかる感謝エネルギーの噴出が起こるでしょう。
その後しばらくしてから、望みがすぐ現実に現れるようになり始めます。目に見えない次元のほうへ一歩上昇した、心の空間にいられるようになった、生きたまま生まれ変わった、とでもいいましょうか。そうしたら、ただゆったり過ごすもよし、人に貢献するもよし、違う人生の設計図を描くもよし、あなたの自由です。

生まれ変わる方法

16

いろいろ試して、お気に入りの閃きスペースを見つける。

おわりに

私たち人間は、光に戻ろうとしてもがき、魂の殻や汚れが一片はがれると、以前よりキラッと美しく輝きます。この時、直感的に魂の輝きに喜びと美しさを感じます。

この本でお伝えしたことは、にわかには信じがたい内容かもしれませんが、あなたが心を自由に羽ばたかせて楽しもうとするうちに、目に見えない存在がずっと送り続けてくれていたメッセージを受け取るようになったり、腑に落ちるのに必要な経験や、不思議な体験を一つずつ重ね始めることになったりします。

人生についてもう悩む必要はなく、あなたの中〜宇宙〜にすべてがあります。

この本でご紹介したプロセスを簡単にまとめます。

（1）自分年表を描いてながめる。

（2）「ありがとう」の愛の光（周波数）で、トイレ空間をまず満たす。

【この二つを行うだけでも、生まれ変わったみたいに、いいことが起こり始めます】

（3）自由に〝こうありたい自分〟のシナリオを描き、同時に、自分以外の誰かの笑顔も想い描く**（分かち愛の法則）**。

（4）想像した空間のらくがきを描く（そのイメージに似た写真を検索する）。

（5）らくがき（写真）と、自分以外の誰かの笑顔イメージを空間に押し出し広げる。

【ここまでで、実際のお部屋を模様替えしたのと同じことになります】

（6）「ありがとう」の愛の想い（周波数）の光でお部屋を満たしながら、模様替え。

【ハートから感謝が噴出したら人生シナリオの設計が変更可能になったサイン】

（7）魂の声にしたがって、目の前の人を自分と同じように大切にして生きる。

このプロセスを活用して、日々、キラッと魂を輝かせて暮らしていると、ハートから喜びがあふれ始めます。

生まれ変わったみたいにあなたの人生にいいことをいっぱい起こしながら、喜びにあふれる〝今〟を楽しんで生きてくださいね！

この本を読んで出てきた、ちょっとした疑問は、お部屋の魔法学校のYouTube動画で解決することがあるかもしれません。ぜひご参考になさってくださいね（「YouTube お部屋の魔法」「ユーチューブ お部屋の魔法」で検索すると出てきます）。

あなたからの幸せな結果報告のコメントを楽しみにしています。

あふれる愛をこめて
山田ヒロミ

令和2年7月

この本を、惜しみない愛と協力をくれた親友、恩師、家族、仲間、チームのみんな、目に見えない存在と、あなたの魂に贈ります。

宇宙とつながる“お部屋の魔法”

生まれ変わったみたいに人生にいいことがいっぱい起こる本

2020年 8月15日　初版発行
2021年 7月21日　4刷発行

著　者……山田ヒロミ
発行者……塚田太郎
発行所……株式会社大和出版
東京都文京区音羽1-26-11　〒112-0013
電話　営業部03-5978-8121／編集部03-5978-8131
http://www.daiwashuppan.com
印刷所……信毎書籍印刷株式会社
製本所……ナショナル製本協同組合
装幀者……萩原弦一郎（256）

ISBN978-4-8047-6350-7